"十三五"国家重点图书出版规划项目
Translation Series on the International
Law of the Sea

世界海洋法译丛

海上边界国家实践发展现状 II

张海文　张桂红　黄　影
·主编·

青岛出版社

《世界海洋法译丛》编译委员会

主　　任	张海文
副 主 任	李红云　张桂红　黄　影
委　　员	王居乔　王　娟　王莘子　宁　佳　白　雪
	祁冬梅　刘煜洲　李　杨　张凯月　杨　涛
	李晓宁　张　逸　林益涵　岳　霄　赵　沄
	赵晓静　郝咏梅　敖　梦　梁凤奎　谢　慧
	蔡璧岭
	（按照姓氏笔画排列）
本卷主编	张海文　张桂红　黄　影
本卷翻译	张凯月　林益涵
本卷校对	张海文　黄　影

《世界海洋法译丛》出版委员会

主　　任	孟鸣飞
副 主 任	张化新　高继民
委　　员	李忠东　刘永贵　李明泽　张性阳　黄　锐
	宋来鹏　周静静　宋　磊　张文健　朱凤霞
	张　晓　王春霖

声 明

本书引用的名称和材料并不代表联合国秘书处关于国家、地域、城市或地区或其当局的法律地位或其对边界或界限划分的任何观点。

前 言
PREFACE

从 1609 年荷兰法学家格劳秀斯发表著名的《海洋自由论》到 1994 年 11 月 16 日《联合国海洋法公约》(以下简称《公约》)生效,海洋法经历了一个漫长而坎坷的发展过程。如今,海洋法已发展成为国际法中内容最新、最完备的一个分支。截至 2017 年 11 月,《公约》已成为一个拥有 168 个缔约国的国际条约。根据《公约》,沿海国家可以拥有自己的领海、毗连区、专属经济区、大陆架;群岛国还可拥有群岛水域。国家在不同的海域中行使不同的主权、主权权利和管辖权。

联合国秘书处海洋事务与海洋法司已将各国政府根据《公约》的有关规定向联合国秘书处交存的文件予以公布,这些文件主要有:(1)沿海国家的有关海图或地理坐标表,注明直线基线、群岛基线;领海、专属经济区和大陆架外部界限的大地基准点。(2)沿海国公布的所有有关无害通过的法律和规章;海峡沿岸国公布的在用于国际航行的海峡中有关过境通行的法律和规章;沿海国在其领海的特定区域内暂时停止外国船舶的无害通过的情况。(3)沿海国家的立法实践。

考虑到我们在海洋法研究、实践以及立法工作上的需要,我们决定将世界各国海洋立法、海洋边界实践以及国际海洋争端解决的经典案例译成汉语,并列为国家海洋局海洋发展战略研究所关于海洋权益与法律问题的系列研究项目之一,逐步编译成册出版,丛书名定为《世界海洋法译丛》。我们的决定得到了联合国秘书处海洋事务与海洋法司的赞同和支持。

本丛书的内容包括世界沿海国家的海洋立法汇编8卷（非洲卷1卷、欧洲卷3卷、美洲卷2卷、亚洲卷1卷、大洋洲卷1卷）、海上边界协定1卷、海洋法争端解决国际案例汇编1卷和海上边界国家实践发展现状4卷，共计14卷。

《公约》生效后，《公约》中包含的原则和规则开始对各国的海洋实践产生重大影响，在各国海洋立法中尤为明显。国内立法是国际法研究的一个重要方面，不仅是一国履行国际义务的实践，还可以为国际习惯法的形成和发展提供证据。本丛书中的沿海国海洋立法系列将沿海国立法分为5个部分，分别是非洲国家、亚洲国家、大洋洲国家、欧洲国家和美洲国家。在每部分中将国家按英文字母先后顺序排列。此系列的翻译原文均为联合国网站公布的各国提交的该国立法英文文本。需说明的是，其中有些立法是从其他语种的官方文本译为英文的。我们在翻译过程中尽量做到忠实原文，对有明显错误的地方作了注释。译文尽量保持原立法的完整性，仅对个别立法中与海洋法无关的内容作了省略，并作出标明。

海洋划界是现代海洋法的重要部分。《公约》对国家主权和管辖海域的规定（增加领海宽度、设立专属经济区这一新制度，重新界定大陆架等）使得各沿海国之间出现了大量的重叠主张。各沿海国家相互之间签署了大量的边界协议，但仍有200多项海洋划界问题亟待解决。海洋划界的发展经历了3个阶段：第一个阶段自18世纪至二战爆发前，见证了沿海国普遍接受将陆地领土主权延伸至领海的历程，形成了一些划界的基本原则。第二个阶段始于第一项领海范围以外海洋划界协定（1942年《帕里亚湾条约》）的出台，进而杜鲁门1945年发布《大陆架公告》，直至1958年《大陆架公约》和1969年《北海大陆架案》，见证了海洋划界向外拓展并涵盖大陆架的过程。第三个阶段自专属经济区概念和大陆架新定义首次引入第三次《联合国海洋法公约》会议谈判案文并最终写进《公约》开始，海洋划界有了新的内涵。本丛书中的海上边界协定部分收录了1942—1991年相关国家之间签订的海洋划界协定。为方便查询，协定按地区分类汇总，如大西洋区域（北大西洋和南大西洋）、加勒比区域、地中海区域、印度洋区域和太平洋区域（东太平洋和西太平洋），每个区域依照国别和划界区域列出协议。

本丛书中的海洋法争端解决案例系列收录了自19世纪末至20世纪初的33个海洋法典型案例，内容编排为7章，涵盖了海洋法主要的案例类型：第一章为基线、海湾和领海类案例；第二章为国际航行海峡类案例；第三章为海洋划界类案例；第四章为渔业和海洋生物资源类案例；第五章为公海刑事管辖权和船旗国管辖权类案例；第六章为航行类案例；第七章为海洋环境类案例。这些案例包含了国际常设法院（Permanent Court of International Justice，2宗）、中美洲法院（Central American Court of Justice，1宗）、国际法院（12宗）和国际海洋法法庭（International Tribunal for the Law of the Sea，7宗）作出的判决及仲裁法庭（10宗）和特别委员会（1宗）作出的仲裁裁决。由于有些涉及海洋法的争议仍在审理当中，因此不排除以后会更新相关审理结果的可能性。

本丛书中的海上边界国家实践发展现状系列旨在广泛传播各国在实践中适用《公约》的现状，为《公约》的实施提供帮助，促进各国统一、一致地适用《公约》规定的复杂而全面的国际规则。此系列包括1982—1994年的双边和多边条约、国内立法及政府照会、宣告和声明，按照国家字母顺序逐一列出。内容涵盖以下事务：领海基线、领海宽度及归属、专属经济区的建立、大陆架的界定、海岸相向或相邻国家间海上边界的划定等。

本丛书的编译工作由张海文主持，北京大学法学院李红云教授及其部分研究生、北京师范大学法学院张桂红教授及其部分研究生以及原国家海洋局国际合作司梁凤奎、祁冬梅、宁佳、蔡璧岭等参与了翻译工作。天津外国语大学黄影讲师负责本丛书的审校工作。丛书的文字翻译是对联合国公开资料的客观展示，以利于国内读者作为资料参考，并不代表编者和出版者认可其观点和立场。在编译过程中由于水平所限，错误在所难免，在此欢迎读者批评指正。

本丛书集合了国内立法和政策、边界协定和国际法案例，为我国了解国际海洋边界的最新进展、熟悉"海上丝绸之路"沿线国家的基本情况以及国际司法和仲裁机构对各类涉海问题的解读和分析提供了权威参考资料，对于推动国际法治、实现海洋强国具有重要的现实意义。我们希望通过《世界海洋法译丛》的编译出版，能对我国研究海洋法的学者和学生、涉海的政府行政主管部门、海洋立法和执法机构提供一些帮助和参考，为我国海洋事业的发展尽绵薄之力。

编译者

2017 年 11 月 28 日

目 录
CONTENTS

一、国内立法，包括有关海事管辖权的宣告

比利时 / Belgium ·· 3

    设立比利时领海宽度的法案

        （1987年10月6日）······································ 3

保加利亚 / Bulgaria ··· 4

    保加利亚人民共和国1987年1月7日第77号国务院法令，··········· 4

        关于保加利亚人民共和国在黑海的专属经济区················ 4

    保加利亚人民共和国海洋空间法

        （1987年7月8日）······································ 5

巴西 / Brazil ·· 33

    引用自1988年10月5日通过的《巴西宪法》

        中关于国家组织的部分·································· 33

智利 / Chile ·· 35

    1986年10月13日第18.565号法令

        ——修正《民法典》中关于海洋空间的内容················ 35

法国 / France ·· 37

    1987年12月31日关于打击贩毒活动和

        修订《刑法典》某些条款的法令·························· 37

爱尔兰 / Ireland ··· **39**

　　1988 年《海事管辖权（修订）法》

　　　　——对 1959 年《海事管辖权法》的修订

　　　　（1988 年 5 月 4 日）··· 39

毛里塔尼亚 / Mauritania ··· **41**

　　1988 年 8 月 31 日确定毛里塔尼亚伊斯兰共和国领海、毗连区、

　　　　专属经济区和大陆架界限及法律制度的第 88-120 号训令 ············ 41

特立尼达和多巴哥 / Trinidad and Tobago ··· **43**

　　1986 年群岛水域和专属经济区法

　　　　（1986 年 11 月 11 日第 24 号法律）·· 43

英国 / England ·· **54**

　　1987 年《领海法》·· 54

　　1987 年领海（界限）法令 ··· 60

　　摘自 1987 年 2 月 5 日外交和联邦事务部国务部长在上议院

　　　　第二次议案讨论中就海峡通过问题所作的发言

　　　　（英国议会议事录，1987 年 2 月 5 日，HL Col 382）··················· 62

　　1986 年 10 月 29 日养护鱼类种群和关于

　　　　福克兰群岛周围海洋管辖权的宣言··· 63

　　1986 年第 4 号公告：临时渔业养护和管理区 ······································ 64

　　福克兰群岛 1986 年渔业条例（保护和管理）······································ 65

坦桑尼亚 / Tanzania ·· **80**

　　领海和专属经济区法案

　　　　（1989 年）··· 80

美国 / United States of America ·········· 88
　美国总统关于美国领海的公告
　（1988年12月27日）·········· 88

二、交往信件

新加坡 / Singapore ·········· 93
　1986年12月5日表明新加坡共和国政府对于越南所谓的
　历史性水域和划定基线权利主张的立场的声明·········· 93

美国 / United States of America ·········· 95
　1987年6月17日美国常驻联合国代表团关于1982年7月
　《越南社会主义共和国与柬埔寨人民共和国
　关于历史性水域的协议》照会·········· 95

三、批准1982年《联合国海洋法公约》时所作的声明

巴西 / Brazil ·········· 99
　批准1982年《联合国海洋法公约》时发表的声明 ·········· 99
佛得角 / Cape Verde ·········· 100
也门 / Yemen ·········· 101
几内亚比绍 / Guinea-Bissau ·········· 102
科威特 / Kuwait ·········· 103
坦桑尼亚 / Tanzania ·········· 104
南斯拉夫 / Yugoslavia ·········· 105

四、反对声明

澳大利亚 / Australia ······································· 109
　澳大利亚政府对菲律宾签署并批准确认的谅解的异议
　（1988年8月3日）····································· 109

菲律宾 / Philippines ···································· 111
　菲律宾就澳大利亚对菲律宾签署并批准确认的
　谅解提出异议的声明································· 111

保加利亚 / Bulgaria ···································· 112
　保加利亚政府对菲律宾签署并批准确认的谅解的异议········ 112

五、条约

多边条约 ··· 117
　南太平洋区域自然资源和环境保护公约
　（1986年11月24日）··································· 117
　防止南太平洋区域倾倒污染议定书
　（1986年11月25日）··································· 132
　南太平洋区域合作应对污染紧急情况议定书
　（1986年11月25日）··································· 140
　若干太平洋岛屿国家政府和美国政府渔业条约
　（1987年4月2日）····································· 145
　禁止危害海上航行安全非法行为公约
　（1988年3月10日）····································· 172
　禁止危及大陆架固定平台安全非法行为议定书
　（1988年3月10日）····································· 180

双边条约 ······184

 摩纳哥公国政府和法兰西共和国政府海洋划界协定

  （1984年2月16日）······184

 芬兰和瑞典签署的确认两国部分国界的换文

  （1985年6月14日）······187

 大不列颠及北爱尔兰联合王国政府和苏维埃社会主义共和国

  联盟政府关于防止领海以外海上事故的协定

  （1986年7月15日）······188

 哥伦比亚和洪都拉斯海洋划界条约

  （1986年8月2日）······193

 法兰西共和国政府和意大利共和国政府1986年11月28日

  在巴黎签署的关于划定博尼法乔海峡地区海洋边界的协议······195

 缅甸联邦社会主义共和国和印度共和国关于在安达曼海、

  科科海峡和孟加拉湾划定海洋边界的协定

  （1986年12月23日）······196

 瑞典王国政府和苏维埃社会主义共和国联盟政府关于划定

  波罗的海大陆架、瑞典渔业区和苏联经济区界限的协定

  （1988年4月18日）······198

 所罗门群岛政府和澳大利亚政府关于确定某些海洋

  和海床边界的协定

  （1988年9月13日）······201

 法兰西共和国政府和大不列颠及北爱尔兰联合王国政府

  关于多佛海峡海域划界的协定

  （1988年11月2日）······202

一、国内立法，包括有关海事管辖权的宣告

比利时
Belgium

设立比利时领海宽度的法案[*]
（1987年10月6日）

第一条

根据比利时的官方大比例尺海图所示，比利时领海的宽度应为 12 海里，协议 22 224 米。测量该数据的依据是海岸低潮标或距离低潮标不足 12 海里的低潮高地，或延伸至上述低潮标以外的永久海港工程的最外部界限。

第二条

凡是比利时法律和法规所涉及的比利时领海均指与本法令所规定的宽度相同的领海。

---

[*] 由比利时常驻联合国代表团于 1987 年 11 月 4 日在普通照会中向联合国提交。

保加利亚
Bulgaria

保加利亚人民共和国
1987 年 1 月 7 日第 77 号国务院法令，
关于保加利亚人民共和国在黑海的专属经济区[*]

第一条

保加利亚人民共和国专属经济区为保加利亚人民共和国领海以外并邻接领海的区域，从测算领海宽度的基线量起不超过 200 海里。

第二条

在专属经济区内，保加利亚人民共和国拥有下列权利：

1. 对勘探、开发、保护和管理海床、底土及其上覆水域的生物、矿物、能源资源以及区域内的其他勘探和开发活动行使主权权利。

2. 对下列事项的权利和专属管辖权：

（1）人工岛屿、设施和结构的建造与使用；

（2）海洋科学研究；

（3）海洋环境保护。

---

[*] 由保加利亚常驻联合国代表团于 1987 年日 4 月 20 日在普通照会上提交。

3. 根据双边和多边条约以及国际法其他规则规定的其他权利。

第三条

专属经济区的划界应根据国际法，通过与海岸相邻或相向的毗邻国家进行磋商并达成协议而确定，以寻求公平的解决方案。

第四条

专属经济区的法律地位由法律规定。

最后条款

该法令的执行委托给部长理事会。

于1987年1月7日在索非亚签订，并加盖国家公章。

保加利亚人民共和国海洋空间法*
（1987年7月8日）

第一章　基本条款

目　的

第一条

根据国内法、缔结的国际条约以及一般国际法规则，本法案确立保加利亚人民共和国对黑海海域行使主权、管辖权和控制权的法律制度。

保加利亚人民共和国的海洋空间

第二条

1. 保加利亚人民共和国的海洋空间包括内水、领海、毗连区、大陆架和专属经济区。

---

* 由保加利亚驻联合国代表团通过1989年1月12日的信件进行传达。

2.保加利亚人民共和国对属于其国家领土的内水、领海及其上空、海床和底土行使主权。

3.保加利亚人民共和国根据本法对毗连区、大陆架和专属经济区行使主权权利、管辖权和控制权。

宗　旨

第三条

本法旨在：保护保加利亚人民共和国在海洋空间上的合法利益、主权和安全；为和平目的与沿海各国以及其他国家合作利用黑海；发展海洋运输，保障航行安全；促进海洋科学研究，开发海洋资源，保护海洋环境和生态平衡。

保加利亚人民共和国海洋空间管理的合法性监督

第四条

国家授权主管当局根据本法案和其他法案的规定对海洋空间法律制度的运行进行监管。

第二章　内　　水

范　围

第五条

保加利亚人民共和国的内水包括：

（1）用于测算领海范围的海岸线和基线之间的水域。

（2）港口水域，其临海方向的边界由泊船区、供水设施和永久性港口设施等的最外点连成的线组成。

（3）下列水域：

（a）位于海岸线与连接圣康斯坦丁角和埃兰济科角的直线之间的瓦尔

纳港；

（b）位于海岸线与连接埃米内角和马斯伦诺斯角的直线之间的布尔加斯港。

（4）海岸线与连接卡利亚克拉角和图兹拉塔角、连接图兹拉塔角和埃克莱内角、连接马斯伦诺斯角和罗角的直线基线之间的水域。

商业或人道主义性质的外国船舶停靠规定

第六条

商业或人道主义性质的外国船舶可以自由出入保加利亚的内水，可自由停靠于开放港口和停泊区。

外国军舰和潜艇停靠规定

第七条

1. 外国军舰或潜艇进入保加利亚人民共和国内水、停靠开放港口或停泊区，须经部长会议批准，除非保加利亚人民共和国和船旗国另有约定。

2. 黑海沿岸国家须提前 30 天提出批准申请，其他国家须提前 45 天提出批准申请，除非保加利亚人民共和国和船旗国另有约定。

外国官方的非商业船舶停靠规定

第八条

用于非商业目的的外国政府船舶经部长会议批准或主管部门授权可以进入保加利亚人民共和国内水、停靠开放港口或停泊区。该批准申请应当提前 30 天提出，除非保加利亚人民共和国和船旗国另有约定。

外国核动力船舶停靠规定

第九条

1. 在符合第七条规定的前提下,外国核动力船舶可进入内水、开放港口和停泊区。

2. 在船舶靠港之前,有关主管部门应当检查其安全记录、剂量测定记录以及其他与环保相关的记录。检查地点由交通运输管理部门确定。

3. 船舶靠港或停靠在停泊区时,可对其进行其他方面的检查。

4. 若检查发现船舶存在安全隐患,交通运输管理部门应责令其在指定时间内离开保加利亚的内水或领海。保加利亚人民共和国对该船舶的提前离港所造成的损失不承担任何责任。

5. 前款规定同样适用于运载核物质、放射性物质、有毒物质和其他危险物质的船舶。

外国核动力军舰停靠规定

第十条

1. 外国核动力军舰在遵守第七条规定的前提下可进入保加利亚内水、开放港口和停泊区。由国防部检查其安全记录、剂量测定记录以及其他与环保相关的记录。检查地点由国防部确定。

2. 第九条第3、第4款的规定同样适用于外国核动力军舰。由国防部对船舶进行检查,发布离港命令。

船舶无须授权驶入内水的规定

第十一条

下列情形下,船舶驶入内水无须第七至第十条所要求的预先授权:

(1)载有外国元首、政府首脑或行政区域首脑的官方访问船舶及其护卫船舶。

(2)已受损坏或为避免海上风险或其他海上事故的船舶。在此情形下,其船长应该以任何可能的途径，立刻向最近的港口管理部门通报其情况，并执行管理部门的命令。

免税规定

第十二条

外国军舰和第十一条第 1 款下的船舶驶入港口时无须缴税，但仍需支付相关的服务费用。

无线电设备的使用

第十三条

1. 停靠于内水、港口和停泊区的外国船舶，除用于保证航行和抛锚的安全外，禁止使用无线电导航设备、水下探听和无线电通信设备、电子和光学类监视设备。在港口官方允许下，可以使用自己的超短波电台。

2. 停靠于内水、领海的船舶如果装有卫星通信系统的地面电台，可在互惠互利的基础上加以使用。

船舶来访和滞留的管理制度

第十四条

1. 港口和停泊区的船舶来访和滞留，货物、随船人员、乘客和其他人员的装卸，船舶和港口之间的沟通等方面的管理制度均由保加利亚人民共和国法律加以规定。

2. 开放港和海上基地的船舶来访和滞留，内水和领海内本国及外国游艇、游船的通航由本法的实施条例加以规定。

港口和停泊区的封闭

第十五条

港口和停泊区对外国来访船舶关闭须由内阁决定,并在"航海通告"上加以公示。

第三章 领 海

范 围

第十六条

1. 保加利亚人民共和国领海为邻接保加利亚人民共和国陆地领土和内水的一带海域,领海宽度从领海基线量起为12海里。

2. 基线是指海岸低潮线或由峡湾和第五条所涉及的区域的最外点连接而成的直线基线。

与邻国的领海界限划分

第十七条

保加利亚人民共和国和邻国之间的领海边界是穿过陆地边界与海岸交汇处的延长线。

国家海域边界

第十八条

保加利亚人民共和国领海的外部界限构成其国家边界。

无 害 通 过

第十九条

1. 任何国家的船舶均享有依照本法和国际法的规定在保加利亚领海无害通过的权利。

2. 所有国家享有的无害通过权仅限于目的是穿过领海但不进入或驶入内水的航行。船舶须在通用航道、通航分道、适航通道或荐用航道内，以不低于为该类型船舶设定的正常速度穿过保加利亚领海，并不得对通航区域造成干扰，不得威胁保加利亚人民共和国的和平、安全和正常秩序。

3. 为确保通航利益，防止意外死伤和损失，规避不可抗力，或便于为个人、船舶或飞机提供援助，禁止无害通过的船舶在其航道内停泊或抛锚。

有关违反无害通过条款的规定

第二十条

外国船舶在通过保加利亚领海时从事下列活动的，将被视为威胁保加利亚人民共和国的和平、安全和正常秩序：

（1）对保加利亚人民共和国的主权、领土完整或政治独立进行任何武力威胁或使用武力，或以任何其他违反《联合国宪章》所体现的国际法原则的方式进行武力威胁或使用武力；

（2）以任何种类的武器进行任何操练或演习；

（3）任何目的在于搜集情报使保加利亚人民共和国的防务或安全受损害的行为；

（4）任何目的在于影响保加利亚人民共和国防务或安全的宣传行为；

（5）在船上起落或接载任何飞机；

（6）在船上发射、降落或接载任何军事装置；

（7）违反沿海国海关、财政、卫生或移民的规定，上下任何商品、货币或人员；

（8）任何故意和严重的破坏海洋环境的污染行为；

（9）任何捕鱼活动；

（10）任何勘探或测量活动；

（11）任何干扰保加利亚人民共和国通信系统或无线电设施或任何其他设备的行为；

（12）与通过没有直接关系的任何其他活动。

免费通行

第二十一条

外国船舶在保加利亚领海通过时无须缴纳任何通行费用，为船舶提供服务所产生的费用除外。

关于无害通过中止的规定

第二十二条

基于保加利亚人民共和国的国家安全和军事演习的利益，国防部协同交通部和内务部可以在领海特定区域内暂时中止无害通过，在内水暂时禁止通航。相关措施应当在"航海通告"中作正式公布。

外国船舶的义务

第二十三条

1. 在保加利亚领海内无害通过的外国船舶，或停泊于内水、港口和停泊区的外国船舶，应遵守通航规则，遵守移民、海关、财政、卫生、动植物检验检疫、港口等方面的规定，遵守环境保护的规定。

2. 在保加利亚领海内无害通过的外国船舶，或停泊于内水、港口和停泊区的外国船舶，应悬挂其所属国国旗；军舰以外的其他船舶还须悬挂保加利亚人民共和国国旗。

3. 在领海和内水的外国船舶不得从事下列活动：

（1）除重大死伤事故外，不得使用自用船舶从事海洋研究或人员搜救；

（2）进行水下作业；

（3）维持捕鱼设备正常运转；

（4）发射国际法规规定的为避免海洋冲撞以外的声光信号；

（5）在沿海区域或港口拍照、取样或测量；

（6）搁浅或故意沉船；

（7）开展足以破坏已铺设的海底光缆和管道或与通航、海洋资源开发有关的其他设备与装置的活动。

外国核动力船舶的义务

第二十四条

载有核物质、放射性物质、有毒物质以及其他危险物质的外国核动力船舶在通过保加利亚领海时应携带必要的相关文件，并遵守国际条约为此类船舶所规定的预警措施。

外国潜艇的义务

第二十五条

1. 在保加利亚领海和内水航行的外国潜艇应按规定在海面上航行。

2. 外国潜艇应按要求在海面上航行，因自身损坏无法在海面上航行的，应通过一切可能的途径向外界报告其状况。

无线电设备的使用

第二十六条

外国船舶在通过保加利亚领海时，允许且仅允许其使用无线电设备与保加利亚海岸电台保持联络，仅允许其为保障通航而使用无线电导航及水下声光、电子等其他设备。

水下活动

第二十七条

保加利亚内水和领海内的所有水下活动都由保加利亚国防部、内务部和交通部管辖。

船舶遭遇险情或不可抗力情形下的通告

第二十八条

外国船舶在遇险或遭遇不可抗力时应原地停靠或抛锚,并通过一切可能的途径向最近的港口管理部门报告该事故。

国家海上边境保护

第二十九条

1. 内务部负责保加利亚海洋边界的保护,在领海与内水范围内适用边界管理制度的监管工作。

2. 保加利亚内水和领海的管理制度应与保加利亚人民共和国有关国家安全的规定保持一致。

有关外国非军事船舶的措施

第三十条

1. 保加利亚内政部、国防部、交通部在其职权范围内,可以对位于保加利亚内水和领海范围内的外国船舶:

(1)要求其出示所属国国旗;

(2)如有确切理由怀疑其为违反无害通过有关规定的可疑船舶,可要求其提供相关信息;

(3)当船舶驶向航道封闭区域时,可为其另行安排航道;

(4)在船舶违背上述规定,违反第十九条第2款及第二十、二十二、二十三和二十四条或其他由保加利亚人民共和国作为缔约国的国际条约的规定时，可责令其停船进行检查或扣留船舶；

（5）在出现第三十一条第3、第4款所规定的情形时，停船并扣留船舶；

（6）将第三十二条所涉及的犯罪行为人带离船舶，将其逮捕并移交有关调查部门，并于24小时之内通知公诉方。

2. 如果外国军事船舶拒绝停船、抗拒抓捕或诉诸武力，保加利亚内务部和国防部可采取强制措施，包括使用武力。

民事管辖权

第三十一条

1. 在内水或领海由于准违法行为造成严重损害，或因侵犯保加利亚人民共和国在毗连区、大陆架、专属经济区的管辖权和其他权利而造成损害的，保加利亚对案件享有管辖权，保加利亚国家法院受理案件。

2. 保加利亚人民共和国不应为对通过领海的外国非军用船舶上某人行使民事管辖权的目的而停止其航行或改变其航向。

3. 如果外国非军用船舶在内水停泊，或者离开内水后穿过领海，保加利亚人民共和国可以对船舶加以处罚或进行逮捕。

4. 保加利亚人民共和国对通过领海的外国非军用船舶实施民事管辖权，或者只有当外国非军用船舶在通过保加利亚领海的航行过程中引发了应承担的责任以及造成第1款所规定的损害，才可以对该船舶予以逮捕。

刑事管辖权

第三十二条

1. 保加利亚人民共和国不应在通过领海的外国非军用船舶上行使刑事管辖权，但下列情形除外：

（1）保加利亚籍公民实施的犯罪行为；

（2）破坏保加利亚当地安宁或领海正常秩序的犯罪行为；

（3）违反普通法律危及保加利亚人民共和国或其国民利益的犯罪行为；

（4）非法走私麻醉药物、精神调理物质或放射性物质；

（5）非法滞留；

（6）破坏和平或违背人道主义的犯罪行为。

2. 保加利亚人民共和国刑事管辖权延伸至停靠于保加利亚港口或内水的外国非军事船舶上的犯罪行为。该管辖权延伸直至船舶离开内水进入保加利亚领海。

关于其他刑事犯罪的程序规定

第三十三条

保加利亚有关部门可应船长或船旗国外交代表或领事官员的请求，针对发生在通过保加利亚领海的外国非军事船舶上的本法第三十二条所涉及的犯罪行为进行全面的调查，并在必要时采取强制措施。

外交人员的通告

第三十四条

如船长要求，保加利亚人民共和国有关部门应将本法第三十二条第1款所设定的刑事案件程序的启动、案件调查的开始一并告知船旗国外交代表或领事官员。

关于军舰和其他用于非商业目的的政府船舶的规定

第三十五条

停靠于保加利亚内水或领海的外国军舰或其他用于非商业目的的政府船舶，违反本法规定或其他规范性法律文件，无视其他法律规定的，将被立即驱逐出保加利亚内水和领海。

损失赔偿

第三十六条

船旗国应对其通过保加利亚领海或停靠于内水的军舰或其他用于非商业目的的政府船舶造成的损害承担赔偿责任。

第四章 毗连区

范围

第三十七条

保加利亚人民共和国毗连区为领海以外邻接领海的一带海域,并由测算领海宽度的基线量起向外延伸24海里。

保加利亚人民共和国在毗连区内的权利

第三十八条

保加利亚人民共和国在毗连区内有权实施必要的控制,以防止在其境内包括领海发生违反法律和海关、财政、卫生及移民方面的相关规定的行为,同时对刑事案件拥有管辖权,以严惩违反这些规定的犯罪行为人。

关于在毗连区犯罪行为的处理办法

第三十九条

在接到有关停靠在毗连区的外国非军事船舶违反或意图违反前列各条规定的报告时,内务部和国防部有权责令其停船进行必要的检查,采取必要措施阻止违法行为或扣押该船,以便对违法者提起诉讼。

第五章 大 陆 架

范　围

第四十条

保加利亚人民共和国大陆架为保加利亚人民共和国领海以外依本国陆地领土的全部自然延伸，包括海床和底土，扩展到与其他海岸相邻或相向国家设立的大陆架界限。

相邻国家的大陆架划界

第四十一条

大陆架外边界的划定应根据国际法，与在黑海周边海岸相邻或相向国家通过协商的方式确定，以寻求公平的解决方案。

保加利亚人民共和国在大陆架上的权利

第四十二条

1. 保加利亚人民共和国对其大陆架行使主权权利，以勘探、开发、利用、保护和管理大陆架上的自然资源，包括海床和底土的能源、矿物与其他非生物资源以及属于定居种生物。

2. 保加利亚人民共和国在其大陆架上行使下列专属权利：

（1）授权和管理为一切目的在大陆架上进行钻探的专属权利；

（2）建造并授权和管理建造人工岛屿、设施与结构的专属权利。

勘探、开发和开采

第四十三条

保加利亚内阁地质委员会、国防部和环境保护委员会应授权保加利亚科学或经济组织从事勘探、开发和开采大陆架自然资源以及与大陆架相关的其他活动。

海底电缆和管道的铺设

第四十四条

1. 在不危害保加利亚人民共和国在大陆架上的资源勘探、开发和开采以及海洋环境保护利益的前提之下，其他各国均有权铺设海底电缆和管道。

2. 铺设电缆和管道的线路应由保加利亚人民共和国和其他相关国家通过协议加以确定。

有关大陆架上的犯罪的处理办法

第四十五条

1. 在接到有关外国非军事船舶在大陆架范围内侵犯或意图侵犯保加利亚人民共和国国家主权和管辖权的报告时，保加利亚内务部门、国防部和交通部应采取必要措施阻止其侵犯行为。为起诉犯罪者，上述机构可以登船检查或扣留船舶。

2. 如果依照前款采取措施，应及时通知船旗国外交代表或领事官员。

第六章　专属经济区

范　围

第四十六条

保加利亚人民共和国专属经济区为保加利亚人民共和国领海以外并邻接领海的区域，从测算领海宽度的基线量起不超过200海里。

专属经济区边界

第四十七条

专属经济区边界应根据国际法,与海岸相邻或相向国家通过磋商并达成协议而确定,以达到公平解决。

保加利亚人民共和国在专属经济区内的权利

第四十八条

在专属经济区内,保加利亚人民共和国拥有下列权利:

(1) 以勘探、开发、利用、保护和管理海床、底土及其上覆水域的生物、矿物、能源资源以及在区域内进行其他勘探和开发为目的的主权权利。

(2) 对下列事项的专属管辖权:

(a) 人工岛屿、设施和结构的建造与使用;

(b) 海洋科学研究;

(c) 海洋环境保护。

(3) 由保加利亚人民共和国签订的国际协定、一般国际法原则与规则规定的其他权利。

其他国家的权利

第四十九条

在专属经济区内,所有国家均享有航行自由、飞行自由、铺设海底电缆和管道自由以及为此目的与该类自由有关的其他国际合法用途。

渔业管理制度

第五十条

1. 外国船舶不得在保加利亚人民共和国专属经济区内从事渔业捕捞活动。保加利亚与船舶所属国已签订有关协议的除外。

2.通过保加利亚专属经济区的外国船舶不得使其捕鱼设施处于工作状态。

违反专属经济区管理制度的规定

第五十一条

在接到有关外国非军事船舶在专属经济区内侵犯或意图侵犯保加利亚人民共和国主权和管辖权的报告时，应适用第四十五条的有关规定。

专属经济区管理制度执行的监管

第五十二条

专属经济区管理制度执行的监管主要根据内阁设定的条件和规则加以施行。

第七章　海洋科学研究

保加利亚国内组织开展的科学研究

第五十三条

在保加利亚海域范围内进行的科学研究和勘探活动应该由保加利亚国内组织在主管机构批准的合作项目基础上进行。

外国政府或机构在保加利亚内水或领海开展科学研究

第五十四条

外国政府或机构在获得保加利亚内阁授权并符合内阁规定的条件下方能在保加利亚内水或领海开展科学研究。

外国政府或机构在保加利亚大陆架和专属经济区开展科学研究

第五十五条

1. 外国政府或机构在获得保加利亚内阁授权后可在保加利亚大陆架和专属经济区内开展科学研究和考察,但仅限于为和平目的或拓展海洋环境认知的研究活动。该类研究活动应以无害的方式和手段开展,不得妨碍保加利亚人民共和国行使主权权利和管辖权。

2. 申请该类授权的外国政府或机构应通过官方渠道提交有关拟议研究的性质、目的和地点以及研究方式、手段与其他相关数据的全部资料。

3. 保加利亚内阁在下列情形下可拒绝授权:

(1)科学研究直接关系到大陆架上或专属经济区内自然资源的勘探和开发;

(2)科学研究涉及在海床上实施钻探行为,或使用爆炸物及其他有害物品危害海洋环境;

(3)科学研究涉及建造和使用人工岛屿、设施与结构;

(4)申请授权所提交的信息不实,或此前项目中产生的责任义务未被合理承担。

外国政府和机构在保加利亚大陆架和专属经济区内开展科学研究期间的责任义务

第五十六条

外国政府和机构在开展科学研究活动时负有下列义务:

(1)确保保加利亚国内组织有权参加其所开展的科学研究项目。

(2)确保保加利亚国内组织有权获取其研究活动的全部数据、研究结果和研究结论,有权获取研究的样本,发现其他信息。

(3)如研究计划有变,应立即告知保加利亚内阁。

(4)除经特别同意外,应于科学研究结束以后的一定期限内拆卸并移除为研究活动所建造的设备。

科学研究活动的中止

第五十七条

如果不符合前列授权条件，保加利亚内阁或其他主管部门有权终止外国政府或机构开展的科学研究活动。

第八章 海洋环境保护 禁止海洋环境污染

第五十八条

1. 在保加利亚内水和领海内，禁止船舶、航空器、平台以及其他人工结构或地面基础设施向海洋排放、注入或倾倒任何形式的固体或液体垃圾和对人类或海洋生物有害的物质，禁止其他污染海洋环境的行为。

2. 禁止在保加利亚专属经济区内实施足以危害保加利亚人民共和国国家利益的污染海洋环境的行为，禁止大量（超过保加利亚人民共和国所认可的国际标准）沉降或排放前款所列的垃圾或物质。

有关外国非军用船舶破坏海洋空间环境的规定

第五十九条

1. 如有确切证据表明航行于保加利亚内水、领海和专属经济区内的外国非军用船舶违反本法或其他国际条约关于禁止污染海洋环境的规定，则保加利亚海洋环境保护委员会的相关部门、交通部、原子能和平利用委员会应采取适当措施，包括：

（1）要求船长提供必要的相关信息以配合调查；

（2）在船舶所提供的信息不完整的情况下，启动对船舶的检查；

（3）扣留船舶以便提起公诉。

2. 在必要的时候，前款规定的相关机构可请求内务部和国防部协同进行管理。

他国海洋污染事故中的法律援助

第六十条

1. 当他国内水、领海或专属经济区内发生严重的海洋环境污染事件时，保加利亚人民共和国将根据另一国的请求，通过询问位于该国港口或内水范围内的肇事船舶、调查其文件和技术条件的方式提供法律援助。在接到船旗国的援助请求时，也应提供援助。

2. 前款所涉及的法律援助应在互惠互利的基础上加以提供。

海洋事故情形下采取的措施

第六十一条

发生于保加利亚海域内的船舶故障、船舶损坏或其他海洋事故对海洋或海岸环境产生现实危害并危及相关利益时，保加利亚交通部应联合其他相关部门采取必要措施阻止、减小或消除危险。

禁止对海洋环境有污染隐患的船舶通行的规定

第六十二条

停靠于港口或内水的船舶如果技术条件无法保证与保加利亚所采用的防止和减少海洋污染的标准相符时，保加利亚交通部下的相关部门应禁止该类船舶通行。

对防止损害和污染物排放的监测

第六十三条

在钻探、勘察和其他与保加利亚人民共和国海域自然资源的开采有关的活动中，保加利亚环境保护委员会和交通部应监测其行为是否符合保加利亚所规定的防止海洋环境破坏和防止油类或其他污染物排放的要求，以便及时消除其消极影响。

污染事故的通告

第六十四条

当存在保加利亚人民共和国海域污染可能蔓延至其他沿海国家的现实危险时，保加利亚将通过外交渠道加以通告。

第九章 海 上 安 全

海上通道和分道通航制

第六十五条

为航行安全利益，并依照国家安全条例和一般国际法规则，保加利亚内阁应设立相关的管理制度，以指定、变更或取消分道通航制，推荐新航线、适航航道以及领海范围内的航道，以便船舶过境通行和在开放港口停靠。上述相关制度是船舶必须遵守的强制性规定，将公布于"航海通告"中。

航 行 安 全

第六十六条

1. 国防部应确保内水和领海内的航行安全，交通部应确保港口和运河内的航行安全。
2. 国防部和交通部可授权其他部门建设供水或航行设施。

泥沙和沉淀物的处理

第六十七条

海域内大量的泥沙和沉淀物只能在国防部、交通部和环境保护委员会联合指定的区域内加以处置。

人工岛屿和其他设施建造期间的航行安全保障

第六十八条

1. 人工岛屿、设施和结构可建造在大陆架、专属经济区内的重要国际航道以外的位置上,并通过灯光或其他标志显示其位置。

2. 人工岛屿、设施和结构外缘向外延伸500米的范围可划定为"安全区域"。"安全区域"包括海面向下直到海床之间的水体。在符合普遍接受的国际标准的前提下,"安全区域"的面积可进一步扩展。

3. 运营方应在合理期限内将废弃的设施拆卸并移除,以确保通航安全。

通航条件变化的通告

第六十九条

前条所述保加利亚内水、领海和专属经济区内通航条件的任何变化都将在"航海通告"中加以公告。

搜救工作的组织

第七十条

在保加利亚人民共和国负有责任的搜救区域,由保加利亚交通部组织搜救遇险的个人、船舶或飞机。

第十章 紧 追 权

条 件

第七十一条

在下列情况下,保加利亚人民共和国有关部门如果认为有充分理由采取合理措施,可以对外国非军用船舶进行追踪或扣留:

(1)停靠于保加利亚内水或领海的船舶实施违反保加利亚国内法的行为;

(2)船舶在毗连区内违反或意图违反保加利亚有关经济、海关、卫生或移民的规定；

（3）船舶违反有关海洋环境保护或大陆架和专属经济区（包括人工岛屿和其他建筑物的安全区域）的法律地位的规定。

紧 追 令

第七十二条

1. 在外国船舶或其搭载艇实行下列行为时，保加利亚将发布紧追令：在保加利亚领海内实施第七十一条第 1 款规定所指的违法行为；在毗连区内实施第七十一条第 2 款规定所指的违法行为；在大陆架上或专属经济区内实施第七十一条第 3 款规定所批的违法行为。

2. 在外国船舶接到停船命令而拒不执行时，保加利亚将发布紧追令。

3. 紧追权由内务部和国防部的船舶、飞机或其他有清楚标志可以识别的为政府服务并经授权紧追的船舶或飞机行使。紧追持续进行，直至被追船舶进入其本国或第三国领海。

保加利亚港口押解

第七十三条

根据本章规定，被查扣的船舶将被押解至最近的保加利亚港口接受讯问。

损 害 赔 偿

第七十四条

在领海以外无正当理由被扣押的外国非军用船舶，其遭受的任何损害应得到赔偿。

第十一章 行政和刑事条款

对沉船和弃船行为的罚款处罚

第七十五条

1. 外国非军用船舶的船长在内水和领海内实施沉船或弃船行为的，将被处以 20 000~1 000 000 列弗的罚款。

2. 命令或授意沉船或在海岸上弃船的船舶所有者，将被处以前款相同的处罚。

对海洋污染和商业捕捞行为的罚款

第七十六条

1. 有下列情形的，将处以 500~1 000 列弗的罚款：

（1）实施或授意实施违反第五十八条第 2 款规定的行为；

（2）下令或授意在保加利亚专属经济区内实施商业捕捞行为的外国非军用船舶的船长。

2. 外国非军用核动力船舶或运输核物品、放射性物品以及其他危险品或有毒物品的船舶在无任何授权之下自主进入保加利亚内水的，或拒绝船舶上与环境保护有关的文件检查、剂量测定检查和其他调查的，按照前款的规定对船舶的船长加以处罚。

内水无害通过时或海洋科考期间犯罪行为的罚款

第七十七条

1. 外国非军用船舶的船长在下列情形下将被处以 200~50 000 列弗的罚款：

（1）驶入已关闭的港口或停泊区；

（2）在内水或领海内保持潜艇的潜行状态；

（3）命令或授意实施第十三条和第二十条第 5、第 6 与第 11 款规定所禁止的行为；

（4）实施第十九条第 2 款，第二十三条第 3 款下第（1）项、第（5）项和第（7）项，第二十四条和第二十六条的规定所禁止的行为。

2. 在保加利亚人民共和国海域内从事科学研究或勘探活动的个人如未经保加利亚人民共和国正式授权或实施了授权范围以外行为的，按照前款的规定加以处罚。

其他犯罪行为的罚款

第七十八条

任何违反本法其他条款规定或根据本法制定的条例的犯罪行为将被判处 50~5 000 列弗的罚款，可并处更高刑罚。

有关刑事和行政程序的特别规定

第七十九条

1. 违反本章条款规定的行为将记录在由各政府部门以及负责国家海洋调查的部门所编制的报告中。

2. 依照前款所作的报告应递交给违法者。在签收前或签收后，违法者若有异议，应在签收该报告 48 小时内向有关的行政和刑事机构提出。该报告连同书面异议和所搜集的证据，一并提交给行政和刑事机构，行政和刑事机构应在提交异议期限届满的 24 小时内对本案作出裁判。如果该案件的事实或法律适用比较复杂或案件仍需补充证据，行政和刑事机构可延期作出裁判。

3. 对破坏海洋环境的违法行为进行刑事处罚的裁决应由环境保护委员会主席和交通部部长或其授权的其他部门官员作出。对其他违法行为的刑事处罚命令均由交通部或其授权的其他部门官员作出。

4. 可裁决对任何损害所造成的全部损失进行经济赔偿。

5. 船舶所有者可对裁决中有关赔偿的部分进行申诉。裁决送达船舶控制人的日期视为送达船舶所有者的日期。

6. 裁决处以 2 000 列弗以上罚款或赔偿的行政处罚的，可上诉至相关的地方法庭。在上述情况下，地方法庭的裁决在其作出之后的一年期限之内可上诉至最高法庭并作出裁决。最高法庭对案件的复核请求享有管辖权。

基本法律的施行

第八十条

除非本法另有规定，否则违法行为的备案、裁决的下达、确定损害的经济赔偿、裁决的上诉及其执行均由《行政违法处罚法》加以规范。

临时预防措施

第八十一条

1. 在就所犯罪行编制官方报告时，可逮捕外国的非军事船舶（不论所有权是否合法），以确保本章所涉及的罚款和赔偿得以实现。

2. 为确保因实施第三十一条第 1 款规定的准违法行为而造成的损失得以赔偿，可逮捕外国的非军事船舶。该逮捕行为必须由国家航行监管部予以实施，并且在 72 小时内完成。若该期限届满时逮捕行为未完成，则在船舶逮捕地有管辖权的法院应采取临时预防措施。

3. 在前款所涉及的案件中，被扣船舶在按裁决所规定和采取临时预防措施所引发的数额向保加利亚银行提供存款或银行担保后，应予以释放。

附 加 条 款

1. 第九条第 2 至第 5 款、第二十三条第 3 款下的第（4）项至第（7）项、第二十四条、第二十六条、第二十八条、第三十条、第三十九条、第五十八条、第五十九条、第六十二条和第六十五条同样适用于保加利亚籍的船舶。

2. 在本法中：

（1）"军舰"是指隶属一国武装力量，有明显国籍标志，处于政府任命的官员的领导下（该官员姓名应在相关的国家任职名单或类似文件中），并由通常武装力量规则规范下的乘务人员操纵的船舶。

（2）"用于非商业目的的政府船舶"是指隶属旗帜所示国家，以勘探或其他非经济类活动为目的的船舶。

（3）"非军用船舶"是指第（1）项、第（2）项所列船舶以外的船舶。

（4）"潜艇"是指航行于水面以下的船舶。

（5）"核动力船舶"是指第（2）项、第（3）项所列的装有核动力设备的船舶。

（6）"核动力军舰"是指加载核动力设备或核武器后的第（1）项所指的船舶。

3. 在本法中：

（1）"港口"是指拥有一片邻近水域，配备泊船、装卸活动所需的装备和其他设施的沿岸区域；港口由港口专管部门运行。

（2）"停泊区"是指港口外可供船舶抛锚停泊的指定海域。

（3）"海事基地"是指拥有一片邻接水域，配备有保护船舶、可供船舶抛锚的装备和设施的海岸警戒区域。

（4）"水下潜行"是指个人使用供氧呼吸设备进入水下，并在水下滞留超过一次呼吸时间长的潜水行为。

（5）"定居种生物"是指在可捕捞阶段，在海床上或海床下不能移动或其躯体须与海床或底土保持接触才能移动的有机体。

4. 在本法中，"海洋环境污染"是指人为直接或间接将污染物或能量排入包括河口在内的海洋环境，对海洋生物资源和人类健康造成或可能造成毁灭性影响或现实危险，妨碍海洋的合理利用，以及破坏海水质量、污染海洋旅游休闲活动条件的行为。

5. 在本法中，1海里等于1 852米。

最后条款

6. 本法将于1987年9月1日正式生效，并取代公布于 Izvestiya（No.85,1951）上的《保加利亚领海和内水法令》，其修订案将公布于1978年7号《官方公报上》。

7. 本法的实施条例应由国会发布。

8. 保加利亚国会负责本法的实施。

本法在 1987 年 7 月 8 日举行的第二次全国国民大会第五次会议上被通过，并加盖国玺。

巴 西
Brazil

引用自 1988 年 10 月 5 日通过的《巴西宪法》中关于国家组织的部分 *

第二章 联 盟

第二十条

本联盟的公共领域应包括：

（1）目前属于联盟或者将来可能归其所有的财产；

（2）根据法律规定，对保卫边疆、军事防御工事和工程、联邦通信联系以及保护环境至关重要的未被占用的土地；

（3）领土内的湖泊、河流和任何水道，或流经多个国家并构成与其他国家的边界或流入或源自外国领土的水道，以及河岸和河滩；

（4）与其他国家接壤的河流、湖泊中的岛屿、海洋沙滩、海洋和大陆岛屿（除第二十六条第 2 款规定的区域外）；

---

* 由巴西常驻联合国代表团通报。

（5）大陆架和专属经济区的自然资源；

（6）领海；

（7）沿海和沿海沉积层；

（8）水力发电的潜在来源；

（9）矿产资源，包括底土里的资源；

（10）地下天然洞穴及考古和史前遗址；

（11）由印第安人传统占领的土地。

1. 根据法律规定的条件，国家、联邦区、市政府和联盟的直属机构应该在各自领土、大陆架、领海或专属经济区，从石油或者天然气、用于发电的水资源和其他矿产资源的开采中取得收益，或者获得资源开发的财政补偿。

2. 沿着陆地边境宽 150 公里的区域被称为"边缘地带"，被视为捍卫国家领土必不可少的要素，对其占领和使用应由法律规定。

智　利
Chile

1986年10月13日第18.565号法令
——修正《民法典》中关于海洋空间的内容[*]

第一条　《民法典》修正如下：

1. 第五百九十三条替换为以下内容：

"第五百九十三条　从各自基线量起延伸至12海里的邻近海域应构成国家的领海和财产。但是，为了防止和惩罚违反其海关、税务、移民和卫生法律与法规的行为，国家对被称为'毗连区'的海域具有管辖权。毗连区应以上述相同的方式测量，延伸至24海里的距离。

"位于领海基线以内的水域构成国家内水的一部分。"

2. 插入以下内容作为第五百九十六条：

"第五百九十六条　位于领海之外，从测算领海宽度的基线量起延伸至200海里的邻接海域被称为'专属经济区'。在专属经济区内，国家拥有以勘探、开发、养护和管理海床、底土及其上覆水域的自然资源（无论是生物资源还是非生物资源）为目的的主权权利，以及在本区域从事经济性开

---

[*] 该内容公布于1986年10月23日智利共和国官方公报。

发和勘探的其他活动的主权权利。

"国家对大陆架拥有以养护、勘探和开发其自然资源为目的的专属主权权利。

"此外，国家享有国际法规定的关于专属经济区和大陆架的所有其他管辖权和权利。"

3. 替换第六百一十一条为以下几点：

"第六百一十一条　海洋狩猎和捕鱼应当由本法条款规定，在初始阶段应由现行特别立法予以规制。

"第二条　《民法典》第五百九十三条和五百九十六条涉及的海洋边界不应影响现有的海洋界限。"

法 国
France

1987 年 12 月 31 日关于打击贩毒活动和修订《刑法典》某些条款的法令[*]

第九条

在《海关法》第四十四条[**]后插入以下内容作为第四十四条第 2 款：

第四十四条第 2 款　在从领海基线量起 12 至 24 海里和根据与邻国划界协定的毗连区内，海关可行使必要的管制权：

（1）防止违反海关当局在其职权范围内负责执行的法律和法规；

（2）惩治在他们职务范围内的违反这些法律法规的行为。

第十条

在《海关法》第六十条[***]后插入以下内容作第六十条第 2 款：

第六十条第 2 款　如有合理理由相信过境人员以在其体内隐藏的方式运

---

[*] 该法令于 1988 年 1 月 5 日发布于《官方公报》。
[**]《海关法》第四十四条内容为：
（1）海关当局的职权范围应包括海域和陆地区域。
（2）海域应包括位于海岸和从领海基线量起 12 海里的向海界限之间的区域。该领海基线由法令加以规定。
[***]《海关法》第六十条："为了执行本准则，并检测走私，海关人员有权对货物和车辆及其人员进行检查。"

输麻醉药物，海关人员在首先取得其明确同意后，可以要求其接受药物检查。

在其拒绝的情况下，海关人员应当向该区域具有管辖权的初审法院（大审法庭）院长或者由其指派的法官申请法院命令。该申请可以通过任何方式向法官提出。

法官可授权海关人员进行体检，之后应尽快指定一位医师进行检查。

医生报告的检查结果、有关人士的评论和诉讼记录应该列入提交给法官的报告中。

任何拒绝接受法官命令进行体检的人，应依法判处1个月至1年的监禁，并判处500~15 000法郎的罚款。

第十一条

《海关法》第六十二条[*]应当改写如下：

第六十二条　海关人员可搜查位于海关当局业务范围内和本法第四十四条第2款规定的海洋区域内的总注册吨位低于1 000吨的船只。

---

[*] 原第六十二条内容为："海关人员可搜查，位于海关当局可控制的海洋区域内，任何低于100净登记吨或者500总登记吨的船只。"

爱尔兰
Ireland

1988年《海事管辖权（修订）法》*
——对1959年《海事管辖权法》的修订
（1988年5月4日）

本法由爱尔兰国家议会颁布，内容如下：

主　　法

第一条

在本法案中，"主法"是指1959年《海事管辖权法》。

---

* 爱尔兰常驻联合国代表团在1988年9月8日照会联合国。

领海外部界限的扩展

第二条

1. 主法第三条（其中规定了领海的外部界限）现予以修订，以"12海里"替代"3海里"。经修订的第三条载于本节附表的第一部分。

2. 主法第四条（其中规定了基线）现予以修订，第（1）款第（b）项中以"12海里"替代"3海里"。经修订的上述（b）项载于本节附表的第二部分。

3. 主法第十四条（其中就成文法则的适应化修改作出了规定）现予以修订，在第（1）款"3英里"之后插入"3海里"。经修订的上述第（1）款载于本节附表的第三部分。

附　　表

第一部分

3. 为本法的目的，领海的外部界限是其上每一点到基线上最近点的距离为12海里的线。

第二部分

（b）在任何低潮高地，其全部或部分到大陆或岛屿的距离不超过12海里。

第三部分

（1）在任何成文法中，涉及海岸或岸边3英里、3海里或1里格范围以内的海域或水域或相关词语，应解释为位于领海外部界限以内的海域或水域。

简称、统称及生效

第三条

1. 本法可称为1988年《海事管辖权（修订）法》。

2. 1959年和1964年《海事管辖权法》以及本法可统称为1959年至1988年《海事管辖权法》。

3. 本法自1988年9月1日起实施。

毛里塔尼亚
Mauritania

1988年8月31日确定毛里塔尼亚伊斯兰共和国领海、毗连区、专属经济区和大陆架界限及法律制度的第88-120号训令[*]

经民族救国军事委员会商讨通过，

民族救国军事委员会主席、国家首脑颁布以下训令：

第一条

毛里塔尼亚伊斯兰共和国领海从以下基线量起延伸至12海里：

（1）连接Blanc角和Timiris角的直线基线；

（2）其他地方的低潮线。

位于基线向陆地一侧的水域为国家内水的一部分。

第二条

在邻接领海处应建立一个区域，宽度为从本训令第一条规定的基线量起24海里。

---

* 由毛里塔尼亚政府发布。

第三条

建立专属经济区，宽度为从本训令第一条规定的基线量起 200 海里。

第四条

毛里塔尼亚伊斯兰共和国的大陆架包括其领海以外依其陆地领土的全部自然延伸扩展到大陆边外缘的海底区域的海床和底土，如果从测算领海宽度的基线量起到大陆边外缘的距离不到 200 海里，则扩展到 200 海里的距离。

第五条

毛里塔尼亚伊斯兰共和国在其领土、内水外，对包括海床及其底土在内的整个领海行使主权，但不影响所有外国船舶根据国际法享有的无害通过权。

第六条

在毗连区内，毛里塔尼亚伊斯兰共和国可以为下列事项的目的行使必要的管制权：

（1）防止在其领土或领海内违反其海关、财政、移民或卫生的法律和规章；

（2）惩治在其领土或领海内违反上述法律和规章的行为。

第七条

在专属经济区内，毛里塔尼亚伊斯兰共和国保留以勘探、开发、养护和管理海床上覆水域与海床及其底土的自然资源（不论是生物资源还是非生物资源）为目的的主权和专属权利，与在该区域内从事经济性开发和勘探的其他活动（如利用海水、海流和风力生产能）的主权和专属权利，以及国际法认可的所有其他权利和义务。

第八条

毛里塔尼亚伊斯兰共和国为勘探大陆架和开发其自然资源的目的，对全部大陆架行使主权权利和专属权利。

第九条

所有与本训令相冲突的以前的规定，特别是 1978 年 2 月 28 日第 78.043 号法案所规定的海商和海洋渔业法典的第 179 条至 191 条，特此废止。

第十条

本训令应以最快速度公布，并作为国家法律予以实施。

努瓦克肖特，1988 年 8 月 31 日。

特立尼达和多巴哥
Trinidad and Tobago

1986 年群岛水域和专属经济区法
（1986 年 11 月 11 日第 24 号法律）

本法宣告特立尼达和多巴哥共和国为群岛国，确定专属经济区和群岛水域内与特立尼达和多巴哥有关的新海域，以及特立尼达和多巴哥在这些区域内可以行使的管辖权的性质和范围，并依照 1982 年 12 月 10 日在蒙特哥湾通过的《联合国海洋法公约》规定有关事项。

（1986 年 11 月 11 日通过）

颁　　布

特立尼达和多巴哥议会颁布以下法律：

第一条　简称

本法可称为《1986 年群岛水域和专属经济区法》。

第一章 序　　言

第二条 解释

在本法中：

"可捕量"指主管渔业的部长依据相关的环境和经济因素确定的生物资源数量。

"群岛国"指由群岛构成的特立尼达和多巴哥政治实体，包括若干岛屿的若干部分、相连的水域或其他自然地形。它们彼此密切相关，以致在本质上构成一个地理和经济实体。

"群岛水域"指依据第六条划定的群岛基线所包围的水域。

"养护和管理"是指以下所有方法和措施：

（1）用于恢复、修复或维持，或有利于恢复、修复或维持任何生物资源或海洋环境。

（2）旨在确保：

（a）在可持续的基础上，食物或其他产品的供应以及游憩效益得以实现；

（b）避免对渔业资源或海洋环境造成不可逆转或长期的不利影响；

（c）对上述资源的利用有多样化的方式可供选择。

"毗连区"指毗邻领海的区域，从测算领海宽度的群岛基线量起其宽度不超过24海里。

"大陆架"指《大陆架法》中规定的大陆架。

"公约"指1982年12月10日在牙买加的蒙特哥湾通过的《联合国海洋法公约》。

"鱼类"包括牡蛎、蟹类、虾类、海龟、海龟蛋、珊瑚以及其他海洋生物的任何种群。

"渔业"指能够作为一个整体进行养护和管理，并能根据地理、科学、技术、休闲和经济特征确定的一个或多个种群的鱼类，并包括对上述任何种群的捕捞。

"渔船"指船舶、飞行器、气垫船和其他小艇，不论大小和动力，能够用于捕鱼，并为商业性回报或其他物质收益、科学研究或渔获的处理、储存或运载而操作的船舶，包括用于支持或辅助捕鱼活动的任何船舶，但不包括将渔获或鱼产品作为普通货物运输的船舶。

"外国渔船"是指悬挂外国国旗或者在外国注册的渔船。

"外国船舶"是指由特立尼达和多巴哥国民投资但拥有少于51%所有权的船舶。

"船长"指拥有船舶指挥权的人。

"部长"指负责对外事务的部长。

"海里"指1 852米。

"领海"指《领海法》中规定的领海。

第二章 群 岛 国

第三条 宣告特立尼达和多巴哥为群岛国

宣告特立尼达和多巴哥共和国为一个群岛国。

第四条 群岛水域

特立尼达和多巴哥群岛水域应包括依据第六条划定的群岛基线所划定的所有海域。

第五条 群岛水域及其上空、海床和底土的法律地位

作为群岛国,特立尼达和多巴哥的主权及于:

(1)群岛水域,不论其深度或与海岸的距离;

(2)群岛水域的上空以及海床、底土和其中的生物与非生物资源。

第六条 群岛基线

1. 特立尼达和多巴哥群岛基线应由连接群岛最外部岛屿和干出礁的最外缘各点的直线基线组成。

2. 依据本条划定的基线应在足以确定这些线位置的一种或几种比例尺海图上标出,或者可以用列出各点地理坐标并注明大地基准点的表格来代替。

3. 部长应在政府公报上发布上述海图或地理坐标表,并将上述海图或地理坐标表的副本交存联合国秘书长。

第七条 领海、毗连区、专属经济区和大陆架的测量

领海、毗连区、专属经济区和大陆架的宽度应从依据第六条划定的群岛基线量起。

第八条 内水

特立尼达和多巴哥可在其群岛水域中划出封闭线,以便划定《领海法》规定的内水。

第九条 现存的协定

1. 在不妨碍第五条规定的情况下,特立尼达和多巴哥应尊重与其他国家就群岛水域内的区域签署的现存协定和其他条约。

2. 现存协定的适用范围和区域应根据任何相关国家的要求,由它们之间的双边协定加以规定。

第十条 海底电缆

特立尼达和多巴哥应尊重其他国家铺设的通过其水域而不进入领海的现有海底电缆,并在接到关于这种电缆的位置和修理或更换这种电缆的意图的适当通知后,准许对其进行维修或更换。

第十一条 无害通过权

1. 在不妨碍第八条规定的情况下,所有国家的船舶享有无害通过特立尼达和多巴哥群岛水域的权利。

2. 为本条的目的,"通过"是指为以下目的通过特立尼达和多巴哥群岛水域的航行:

(1)穿过群岛水域但不进入内水,或停靠于内水外的停泊地或港口设施;或者

(2)驶入或驶出内水,或停靠于内水的停泊地或港口设施。

3. 该通过应持续不停和迅速进行,包括停船和下锚在内,但以通常航行所附带发生的或由于不可抗力或遇难所必要的或为救助遇险或遭难的人员、船舶或飞机的目的为限。

第十二条 无害通过的含义

1. 无害通过应不损害特立尼达和多巴哥的和平、良好秩序或安全,并且应符合《联合国海洋法公约》和其他相关的国际法规则。

2. 如果外国船舶在领海内进行下列任何一种活动,其通过应视为有损于特立尼达和多巴哥的和平、良好秩序或安全:

(1)对特立尼达和多巴哥的主权、领土完整或政治独立进行任何武力威胁或使用武力,或以任何其他违反《联合国宪章》所体现的国际法原则

的方式进行武力威胁或使用武力；

（2）以任何种类的武器进行任何操练或演习；

（3）任何目的在于搜集情报使特立尼达和多巴哥的防务或安全受损害的行为；

（4）任何目的在于影响特立尼达和多巴哥防务或安全的宣传行为；

（5）在船上起落或接载任何飞机；

（6）在船上发射、降落或接载任何军事装置；

（7）违反特立尼达和多巴哥有关海关、财政、移民或卫生的法律和规章，上下任何商品、货币或人员；

（8）违反《联合国海洋公约》规定的任何故意和严重的污染行为；

（9）未经部长同意从事任何捕鱼活动；

（10）未经部长同意进行研究或测量活动；

（11）任何目的在于干扰特立尼达和多巴哥任何通信系统或任何其他设施或设备的行为；

（12）与通过没有直接关系的任何其他活动。

第十三条 无害通过的暂停

1. 当为保护国家安全而有必要暂停无害通过，总统可以发布公告以在群岛水域的特定区域暂时停止外国船舶的无害通过。

2. 这种暂停仅应在正式公布后发生效力。

3. 不遵守依据本法发布的公告即构成违法行为。

第三章 专属经济区

第十四条 专属经济区的建立

特立尼达和多巴哥专属经济区（以下简称"专属经济区"）是指以领海外部界限为其内部界限，以一条其上各点与测量领海宽度的基线上最近点的距离为200海里的线为外部界限的海域。

第十五条 海岸相邻或相向国家之间的专属经济区划界

若特立尼达和多巴哥与相邻或相向国家之间的距离少于400海里，应在国际法的基础上，依据特立尼达和多巴哥与该相关国家的协议，划定专属经济区的界限，以便得到公平解决。

第十六条 部长可以缩减专属经济区的外部界限

为执行某一国际协定或国际机构的判决的目的，部长可以通过命令宣布专属经济区的外部界限延伸至一条其上各点与群岛基线上最近点的距离少于200海里的线。该线由命令具体规定。

第十七条 专属经济区外部界限在海图上的标示

部长：

（1）应指示将专属经济区外部界限和任何划定的边界线在足以确定这些线的位置的一种或几种比例尺的海图上予以标明；或者

（2）可以将上述海图用列出各点的地理坐标并注明大地基准点的表代替；

（3）应在《政府公报》上将这种海图或地理坐标表妥为公布；

（4）应将一份这种海图和坐标表的副本交存于联合国秘书长。

第十八条 特立尼达和多巴哥对海床和海底区域的既得权利

专属经济区的建立不妨碍《领海法》和《大陆架法》规定的特立尼达和多巴哥对领海和大陆架海床和海底区域的既得权利。

第十九条 特立尼达和多巴哥在专属经济区的主权权利和管辖权

特立尼达和多巴哥在专属经济区享有：

（1）对以下事项的主权权利：

（a）勘探和开发、养护和管理海床上覆水域与海床及其底土的生物和非生物资源；

（b）利用海水、海流和风力生产能。

（2）对以下事项的管辖权：

（a）人工岛屿、设施和结构的建造和使用；

（b）海洋科学研究；

（c）海洋环境的保护和保全。

第二十条 其他国家在专属经济区的权利

在任何其他现行法律的限制下，各国在专属经济区享有关于以下事项的自由：

（1）航行；

（2）飞越；

（3）在大陆架上铺设海底电缆和管道，但受特立尼达和多巴哥对该类电缆和管道的管辖权以及特立尼达和多巴哥为铺设设立条件的权利的限制。

第二十一条 生物资源的养护和管理

主管渔业的部长应通过适当的养护和管理措施，确保专属经济区的生物资源不受过度开发的危害，并可经常在《政府公报》发布公告，以便：

（1）确定专属经济区内各种鱼类的可捕量；

（2）确定特立尼达和多巴哥国民在专属经济区内捕捞的可捕量份额；

（3）在协定或其他安排的基础上，规定准许其他国家或该国国民在专属经济区捕捞的可捕量份额。

第二十二条 禁止未经同意的国家的某些活动等

任何国家、国际组织或个人未经特立尼达和多巴哥通过公告签发的书面同意，不得在专属经济区从事以下活动：

（1）勘探、开发、养护和管理生物与非生物资源；

（2）利用海水、海流和风力生产能；

（3）人工岛屿、设施和结构的建造与使用；

（4）海洋科学研究；

（5）海洋环境的保护和保全；

（6）任何其他此类活动。

第二十三条 公民或组织在专属经济区捕鱼的权利

第二十二条关于捕鱼活动的规定不适用于特立尼达和多巴哥国民的权利，或在特立尼达和多巴哥设立并且至少 51% 的股份属于特立尼达和多巴哥国民的组织的权利。

第二十四条 总统可以拒绝同意某国的海洋科学研究项目

总统可以拒绝同意他国或国际组织在专属经济区内进行海洋科学研究项目的建议，只要该项目建议：

（1）对生物和非生物资源的勘探与开发具有直接重要意义；

（2）涉及钻探大陆架、使用爆炸物或在海洋环境中引入有害物质；

（3）涉及人工岛屿、设施和结构的建筑、操作或使用；

（4）包括与项目性质和对象有关的不准确信息；

（5）是由相关国家或国际组织制定的，这些国家或国际组织在先前的研究项目中对特立尼达和多巴哥负有尚未履行的义务；

（6）将导致不正当地干涉特立尼达和多巴哥依据其主权权利和管辖权开展的活动。

第二十五条 特立尼达和多巴哥通过协定或条约授权捕鱼

特立尼达和多巴哥可以通过协定或条约，授权任何国家、国际组织或个人在专属经济区、领海和群岛水域捕鱼。

第二十六条 外国渔船和船员在专属经济区、领海和群岛水域的捕鱼许可证

1. 外国渔船或其船长和船员若未持有主管渔业的部长颁发的许可证，不得在专属经济区、领海和群岛水域捕鱼。

2. 主管渔业的部长可以在收取法定费用后对以下对象颁发许可证：

（1）外国渔船；

（2）外国渔船的船长和船员。

3. 对外国渔船颁发的许可证应载明船舶的规格和操作条件。

4. 对外国渔船的船长和船员颁发的许可证应载明：

（1）姓名和住址；

（2）年龄；

（3）渔民登记号码；

（4）身份证件号码；

（5）捕鱼经历。

第二十七条 外国渔船的捕捞量不可超过规定的可捕量

负责渔业的部长应确保：

（1）所有外国渔船的总捕捞量不可超过所有该类船舶的总可捕量；

（2）任何一国的所有渔船总捕捞量不可超过为该国规定的份额。

第二十八条 专属经济区、领海和群岛水域的监测

1. 第2款规定的人员在履行其职责时有权在专属经济区、领海和群岛水域中进行以下活动，同时为确保本法和规章得以遵守，亦可对他们提起刑事法律程序：

（1）停止并登临、检查、抓捕和扣押外国渔船；

（2）扣押在该外国渔船上发现的任何渔获和设备；

（3）逮捕任何外国渔船的船长和船员。

2. 第1款适用的人员包括：

（1）特立尼达和多巴哥海岸警卫队成员；

（2）警察部门成员；

（3）渔业部门的渔业官员；

（4）海关官员；

（5）港务局长；

（6）部长书面授权的任何其他人。

第二十九条　豁免

1. 第二十六条的规定不适用于符合以下情况的外国渔船或该类船舶的船长和船员：

（1）其中至少51%的所有权属于特立尼达和多巴哥国民；或者

（2）由在特立尼达和多巴哥注册的公司拥有，其中至少51%的股份属于特立尼达和多巴哥国民。

2. 主管渔业的部长可以对本条第1款规定的任何此类外国渔船颁发豁免证明。

3. 外国渔船应携带豁免证明，并且应在第二十八条规定的任何一人或所有人提出要求时出示该证明，以便检查。

第三十条　犯罪

1. 任何外国渔船及其船长和船员如果违反第二十六条规定而进行如下活动，则构成违法行为：

（1）无许可证在专属经济区、领海或群岛水域捕鱼；

（2）不遵守许可证的条款；或者

（3）妨碍有权在专属经济区、领海或群岛水域进行监控的人履行其职责。

如果属于在专属经济区内发生的违法行为，一经简易程序定罪，可处罚5万美元罚款；如果属于在领海及群岛水域内的违法行为，可处罚1万美元罚款及6个月监禁。此外，上述所有情形均可扣押或吊销许可证，并没收船舶、设备和船上的所有渔获。

2. 通过特立尼达和多巴哥群岛水域的外国船舶及其船长和船员违反第

十一条或第十三条的规定即构成违法行为，并经简易程序定罪可被判处 2.5 万美元罚款和 6 个月监禁。

3. 根据本法或规章规定，发生在专属经济区内的任何违法行为应视为发生在特立尼达和多巴哥。

第三十一条 被逮捕船舶及其成员的释放

依据第二十八条被抓捕和扣押的船舶以及被逮捕的船长和船员，在缴纳 10 万美元的保证金或提出其他保证后应立即获得释放。

第三十二条 规章

为实施本法规定，总统可以依据本法规定，就相关要求或授权的任何事项制定规章，包括以下事项：

（1）海洋环境的保护和保全，以及对以下来源的环境污染的预防、控制和减少：

（a）陆地来源，包括河流、河口湾、管道和排污结构；

（b）受特立尼达和多巴哥管辖的海底活动和人工岛屿、设施与结构；

（c）倾倒；

（d）船舶；

（e）大气。

（2）专属经济区内的海洋科学研究。

（3）在专属经济区内建筑、操作和使用：

（a）人工岛屿；

（b）为经济目的的设施和结构；

（c）可能干扰特立尼达和多巴哥行使权利的设施和结构。

（4）为利用海水、海流和风力生产能对专属经济区进行勘探与开发。

（5）本法的执行。

（6）对外国渔船的船长和船员、渔船与设备授予许可证。

（7）许可费用的缴纳。

（8）确定可捕鱼种。

（9）确定渔获量的限额，不论是关于特定种群或多种种群或一定期间内单船的渔获量，还是关于特定期间内任何国家国民的渔获量。

（10）规定鱼汛和渔区。

（11）渔具的种类、大小和数量以及渔船的种类、大小与数目。

（12）确定可捕鱼类和其他鱼种的年龄与大小。

（13）规定渔船应提交的信息，包括渔获量、捕捞能力统计和船只位置的报告。

（14）在政府授权和控制下进行特定渔业研究计划，并管理这种研究的进行，其中包括渔获物抽样、样品处理和相关科学资料的报告。

（15）由政府在进行特定渔业研究计划的船只上配置观察员或受训人员。

（16）进行特定渔业研究计划的船只在特立尼达和多巴哥港口卸下全部或部分渔获量。

（17）与合资企业或其他合作安排有关的条款和条件。

（18）涉及保护和管理海洋生物资源与非生物资源的人员培训和渔业技术转让以及研究方法的要求。

（19）指定群岛海道。

1986年8月18日由众议院通过。

英 国
England

1987 年《领海法》
（生效日期：1987 年 10 月 1 日）

1987 第四十九章

本法适用于毗连大不列颠岛的领海（1987 年 5 月 1 日）。

本法兹由女王庄严颁发，并经组成当前议会的上议院和众议院的大多数议员提议与通过，具体如下：

领海的延伸

1.（1）根据本法令规定：

（a）与英国相邻的领海的宽度在任何情况下应为 12 海里；

（b）就所有目的而言，测量领海宽度的基线应由女王陛下颁布的枢密院令确定。

（2）为了执行任何国际条约或其他，女王陛下可颁布枢密院令，规定毗邻英国的领海的任何部分应延伸至该命令所指明的上述第（1）款所规定的线。

（3）在任何法律程序中，一份由国务大臣依其职权或授权签署的证明上述第（1）款所规定的领海基线位置的证书，应是证书中所述内容的确证。

（4）本条生效后，不影响《1964年领海枢密院令》及《1979年领海（修正案）枢密院令》的法律效力，犹如本条上述第（1）款（b）项所规定的那样；下述第（5）款适用于该等命令以及其他法律文件。

（5）根据本法规定，任何涉及（无论措辞如何）邻接英国领海或其任何部分的法规或文件（无论是在本条生效前还是在生效之后颁布）必须符合本条规定、根据本条规定制定的其他条款或具有犹如根据本条规定作出的有效条文。

（6）关于领海基线宽度的测量问题，在不违背上述第（5）款规定的前提下，该款不要求任何成文法则或法律文书中指定规定的距离作为领海宽度的参考。

（7）在本条中，"海里"指国际海里，即1852米。

不受规制的成文法则及法律文书

2.（1）除女王陛下颁布的枢密院令另有规定外，上述第1条不影响任何先于该条生效的地方性法令所载的任何成文法的实施。

（2）上述第1条或枢密院根据该条或上述第（1）款作出的任何命令，均不影响在其生效之日前制定的成文法则及法律文书的实施，直至任何港务局、港口卫生当局拥有管辖权或能够行使任何权力的范围已经确定。

（3）当原本不属于英国领海的某区域成为领海的一部分时，根据上述第1条或枢密院令的规定，《1964年大陆架法令》第一条第2款（关于煤炭权利的赋予及行使）应从该第1条或枢密院令生效之日起对该区域内有关煤炭的问题生效。

（4）上述第1条或其他枢密院令的内容不得影响：

（a）在其生效日之前根据《1934年石油（生产）法令》第六条制定的规章条例；或者

（b）在其生效之前根据上述《1934年石油（生产）法令》颁发的证书，或在其生效之时或之后根据其他早先的规章颁发的证书。

（5）本条中，

"煤炭"与《1946年煤炭工业国有化法令》中的煤炭含义一致。

"港务局"指的是《1964年港湾法令》或《1970年港湾法令（北爱尔兰）》中的港务局的意思。

"港口卫生管理局"指《1984年公共卫生（疾病控制）法令》中所指的港口卫生管理局。

修正及废止

3.（1）本法令附件1中提到的成文法须与该条例指明的修正案（根据本法令规定作出的轻微修正和修订）一并生效。

（2）女王陛下可通过枢密院令：

（a）根据本法令附件1的内容，针对上述第1条生效之前制定的法令或法令文书，作出相应的修正；

（b）对《1981年野生动物及野外法令》第三十六条第1款作出修正，以便将决议中指定的英国领海其他部分水域以及根据本法令第六节附件1中指定的其他部分包含进去；

（c）对《1985年自然保护及休憩用地（北爱尔兰）法》（海洋自然保护区）第二十条第一节进行修正，以便将法令中指定的英国领海其他部分水域以及根据本法令附件1第九节在该条款中指定的其他区域包含进去。

（3）女王陛下可通过枢密院令，出于本法令条款的规定，对根据《1964年大陆架法令》（指定区域）第一条第7款制定的规章作出必要或适宜的修改。

（4）本法令附件2中提及的成文法则在本附件第三栏规定的范围内废止。

简称、生效时间及范围

4.（1）本法令可被称为《1987年领海法令》。

（2）本法令应自女王陛下通过枢密院令指定的日期起生效，并且女王陛下可为不同的条款指定不同的生效日期。

（3）本法令的适用范围扩及北爱尔兰。

（4）除法令中规定的例外情况外，女王陛下可通过枢密院令确定本法令的任何条款延伸适用至任何海峡群岛及马恩岛。

附件 1

细微及后续的修正
1949 年海岸保护法令

1.（1）1949 年海岸保护法令第十八条第 3 款（禁止在海岸或底部掘土等）中，"其中的向海方向"应改为"在该海岸区域向海方向，但距离测量英国领海宽度的基线 3 海里以内"。

（2）该法令第四十九条第 1 款（释义），在"抵押"的定义后应加入下述定义：

"海里"指的是国际海里，即 1 852 米。

1971 年矿物操作（离岸设施）法令

2. 在 1971 年矿物操作（离岸设施）法令中，"大陆架的外国部分"定义应被下述定义代替：

"大陆架的外国部分"指的是联合王国以外的国家或领土可以对海底、底土以及自然资源行使权利的区域。

1975 年鲑鱼及淡水捕鱼法令

3. 1975 年鲑鱼及淡水捕鱼法令第六条第 1 款（在内陆或潮汐水面安装未经授权的固定发动机的罪行），在"内陆或潮汐水面"后应加入"属于水务局管辖范围"。

1979 年海关征税管理法令

4.（1）1979 年海关征税管理法令（释义）第一条第 1 款，在"转运站"后应加入以下定义：

"英国水域"指的是任何水域（包括英国领海向海界限的内陆水域）。

（2）在该法令第三十五条第 7 款（船舶及航空器向内的报告）中，"英国海岸 12 海里范围内"应被"在英国水域内或上方"代替。

（3）该法令中，"英国水域"应被以下代替：

（a）第六十四条第 4 款（船舶与航空器向外的清除）中，应改为"在港口范围内或英国海岸 3 海里范围内"；

（b）在第八十八条（建造的船舶、航空器或交通工具的没收等，隐藏货物）中，应改为"在任何港口的范围内，或 3 海里范围内，或英国船舶在英国沿岸 12 海里内"；

（c）第八十九条第 1 款及第 2 款（船舶抛弃货物的没收）中应改为"英国海岸 3 海里范围内"；

（d）第一百四十二条第 2 款（没收较大船舶的特别条款）中，应改为"英国海岸 3 海里的范围内"。

1979 年醇制溶液关税法令

5.（1）1979 年醇制溶液关税法令中，第四条第 3 款的表格（管理法令中定义的表达），在"登记吨数"后应加入"英国水域"。

（2）该法令第二十六条第 4 款（酒精的进口及出口）中，"对于一艘英国船舶，在 12 海里的范围内，对其他船舶，则为英国海岸 3 海里范围内"应被改为"在英国水域内"。

1981 年野生生物及乡村法令

6.1981 年野生生物及乡村法令第三十六条（海洋自然保护区）：

（a）第一分段中"紧邻或在英国领海向海界限内"应改为"测量英国领

海宽度基线的向陆位置或这些基线向海方向 3 海里的范围内";

（b）第七分段，在"地方政府"的定义后应加入下列定义：

"'海里'指的是国际海里，即 1 852 米"。

1982 年石油及气体（事业）法令

7.（1）在 1982 年石油及气体（事业）法令第二十二条第 6 款中"越境地区"的定义应被以下代替：

"越境地区"指的是穿越第 4 款（a）节和（b）节水域，以及大陆架的外国部分的水域的区域。

（2）第二十八条第 1 款"大陆架的外国部分"应被以下取代：

"大陆架的外国部分"指的是该地区有关海底、底土以及其自然资源的权利可以被英国以外的国家或地区行使。

1984 年公共健康（疾病控制）法令

8.1984 年公共健康（疾病控制）法令第六条（在该条下，为了该法令的目的，伦敦的港口不得延伸到领海以外），"暂时性的"应被"1987 年领海法令生效前立即"所代替。

1985 年自然保护及市容土地（北爱尔兰）决议

9.1985 年自然保护及市容土地（北爱尔兰）决议（海洋自然保护区）第二十条：

（1）在第一段中"在北爱尔兰的临海边界内或毗邻该边界"应被改为"从测量北爱尔兰领海宽度基线的向陆位置或这些基线向海方向至 3 海里处"；

（2）在第六段中，"相关主体部分"定义前应插入以下内容：

"'海里'指的是国际海里，即 1 852 米"。

附 件 2

废 止

章 节	相关法案	废止内容
1978年领海管辖权法案第41、42章	1978年领海管辖权法案	第七条,"女王陛下统治下的领海水域"的定义,包括从"为了任何犯罪的目的"到"女王陛下统治下的水域"的文字。
1967年海洋广播犯罪法案第41章	1967年海洋广播犯罪法案	第九条第2款。
1967年无线电报法案第72章	1967年无线电报法案	第九条第2款。
1979年海关征税管理法案第2章	1979年海关征税管理法案	第一条中"海里"的定义。
1979年醇制溶液关税法案第4章	1979年醇制溶液关税法案	第四条第3款,"海里"二字。

1987年领海(界限)法令[*]

1. 本法令可称为《1987年领海(界限)法令》,并于1987年10月1日起生效。

2. 在本法令附表所指明的第1点到第6点之间毗邻联合王国的领海向海界限,须由一系列直线组成,并按本法令附表所给次序连接第1点至第6点。

3. 若测量与联合王国相邻的领海宽度的基线到测量与马恩岛相邻的领海宽度的基线之间不到24海里,则与联合王国相邻的领海的向海界限应为中线。

---

[*] 由大不列颠及北爱尔兰联合王国常驻联合国代表团于1987年9月30日以照会方式提交联合国。

4. 在本法令中：

（1）"直线"是指恒向线；

（2）通过坐标给出的所有位置都是在欧洲基准（1950年第一次调整）上确定的；

（3）"中线"是指一条线，其上每一点到测量毗邻英国领海宽度的基线上最近点与到测量毗邻马恩岛的领海宽度的基线上最近点的距离相等。

附　表

点 的 列 表

点	点的位置
1	北纬 50°49′23″，东经 1°15′51″
2	北纬 50°53′47″，东经 1°16′58″
3	北纬 50°57′00″，东经 1°21′25″
4	北纬 51°02′19″，东经 1°32′53″
5	北纬 51°05′58″，东经 1°43′31″
6	北纬 51°12′04″，东经 1°53′21″

注　释

（本附注不属于法令的一部分。）

该法令规定了联合王国领土在多佛海海峡的狭窄部分和马恩岛附近的向海界限。多佛海峡的界限由连接附表所列各点的直线构成，并遵循1982年6月24日与法国政府达成的协定[T.S.NO.20（1983）Cmnd.8859]中已经商定的大陆架界限，该界限位于联合王国基线12英里以内，在马恩岛附近的界限是中线。

摘自 1987 年 2 月 5 日外交和
联邦事务部国务部长在上议院第二次议案讨论中
就海峡通过问题所作的发言[*]
（英国议会议事录，1987 年 2 月 5 日，HL Col 382）

我们还必须考虑海峡的位置。领海只有 3 英里，公海通常通过海峡向外延伸，尽管并不全部是这样。如果领海拓展到 12 英里，更多的海峡（包括多佛海峡、墨西哥湾的霍尔木兹海峡和红海的曼德海峡等这些比较重要的海峡）将被纳入邻国领海。

因此，在国家惯例、国际谈判和国际法院判例法中，人们认识到在海峡中设立一种航行特别制度是适当的。当然，如果海峡位于岛屿和大陆之间，并且岛外有一条方便的替代路线，情况将会有所不同。

国际法和惯例现已有如下规定：如果联合王国领海（此处"领海"二字为译者所加，疑似原文遗漏了"领海"二字——译者注）延伸到 12 英里，我们就应该在一些没有其他路线可供选择的国际重要海峡，如多佛海峡、苏格兰岛与北爱尔兰岛之间的北海海峡以及设得兰群岛与奥克尼群岛之间的通道，赋予其他国家基本权利。这些权利被广泛认为是必要的，包括：商船和军舰不受阻碍地通过这些海峡的权利；飞越权；潜艇在水下通过海峡的权利；沿海国家在安全和其他利益方面的适当保障。

在用于国际航行的其他海峡，如位于奥克尼以南的彭特兰湾和锡利群岛与康沃尔大陆之间的通道，以及领海的其他部分，将继续按照各国的惯例保留无害通过权。

---

[*] 在由议会主导的下议院第二次议案中，外交与联邦事务部的国务大臣 Eggar 先生于 1987 年 2 月 5 日作过类似陈述。

1986年10月29日养护鱼类种群和关于福克兰群岛周围海洋管辖权的宣言 *

为了创造必要条件，以确保福克兰群岛周边的渔业资源得到养护，英国政府特此声明：

根据国际法，福克兰群岛有权获得从测算福克兰群岛领海宽度的基线量起最多200海里的渔业界限。

这些界限的最大范围还取决于在阿根廷和福克兰群岛200海里的弧线重叠地区与阿根廷划界的需要。

在没有任何协议的情况下，英国政府特此声明：

边界是关于海洋管辖权划界的国际法规则所规定的边界。

这一界限声明立即生效。

在这些界限范围内，福克兰群岛将采取立法措施，以确保按照国际法养护和管理鱼类资源。这些措施的目的是确保在国家间协定的整个西南大西洋渔业安排之前，并在考虑到最佳科学证据的情况下，临时养护这些鱼类。

这些措施将适用于称为"福克兰群岛临时养护和管理区"（FICZ）的区域。FICZ的界限将在立法中予以确定，并且提前明确措施的生效时间。

在福克兰群岛周围捕鱼的国家以及欧洲共同体委员会，将作为紧急事项，为1987年2月1日起的下一个捕鱼季节安排制定相应办法。

英国政府还根据国际法现状审议了福克兰群岛周围大陆架的相关问题。根据国际法，大陆架的权利是固有的。为免生疑问，英国政府特此声明：

福克兰群岛周围的大陆架从测算福克兰群岛领海宽度的基线量起延伸至200海里的距离，或延伸到国际法规则规定的其他界限，包括划定邻国间海洋管辖权的规则所规定的其他界限。

福克兰群岛当局应采取立法措施，以执行本项宣言。

---

* 于1986年10月20日作为联合国大会文件（A/41/777）分发。

1986 年第 4 号公告：临时渔业养护和管理区 *

以女王伊丽莎白二世的名义，基于上帝对大不列颠及北爱尔兰联合王国其他领域和领土的保佑，女王是英联邦的首脑和国家忠诚的守卫者，

由荣获英国最高殊荣"圣麦克和圣乔治勋章"的 Wesley Jewkes Esquire 阁下成为福克兰群岛的地方长官。

鉴于福克兰群岛拥有的国际法所赋予的从测量福克兰群岛的领海宽度的基线起算最大限度为 200 海里的渔业界限，受到有关海洋管辖权划界国际法规则所规定的与邻国之间海上边界的限定。

鉴于有必要保护福克兰群岛周边海域的生物资源，并在此基础上进行临时渔业管制，为了执行女王通过国务大臣给出的指令，我，Wesley Jewkes Esquire，特此声明如下：

1. 在此建立福克兰群岛临时渔业保护和管理区域（下文简"区域"）。

2. 此区域的内部边界为福克兰群岛领海的外部边界，其向海边界是由以 150 海里为半径，以南纬 51°40′、西经 59°30′ 为圆心形成的圆的圆周，除了位于此圆周上的南纬 52°30、西经 60°19′25″ 的点和南纬 52°8′68″、西经 60°00′ 的点之间的向海边界应是恒向线。

3. 为了执行与另一个或多个国家或国际组织签订的任何协议或者安排，可以通过进一步公告或其他方式改变此区域的向海界限。

4. 关于此区域的生物资源保护和渔业管理，女王有权行使与对福克兰群岛领水内的这些事项相同的管辖权，但须遵守在此之后制定的关于此区域生物资源保护和渔业管理的法律。

5. 此声明将于 1986 年 10 月 29 日生效。

由本人签字并加盖福克兰群岛政府公章。

---

* 由大不列颠及北爱尔兰联合王国常驻联合国代表团在 1987 年 9 月 30 日以照会方式提交联合国。

福克兰群岛1986年渔业条例（保护和管理）*

条款安排

1. 名称和生效时间
2. 释义
3. 渔业水域
4. 禁止无证捕鱼
5. 捕鱼船进入渔业水域时关于船上鱼类的告示
6. 装载工具
7. 禁止无证转运和出口鱼类
8. 许可权的行使方式
9. 渔业主管和渔业保护官员
10. 渔业保护官员的基本权力
11. 在未提起诉讼的情况下对船舶或物品的释放
12. 释放渔船的担保
13. 免责
14. 对渔业保护官员的妨碍
15. 罪行、处罚及诉讼
16. 简易审判庭和地方法院的管辖权
17. 没收许可证
18. 对轻微犯罪的行政处罚
19. 未缴纳罚金或为罚金提供担保情况下对渔船的扣押和没收
20. 规章
21. 实施《渔业条例》第27章的限制及保留

---

* 由大不列颠及北爱尔兰联合王国常驻联合国代表团在1986年12月5日以照会方式提交联合国。

本 条 例

本条例皆在就福兰克群岛渔业的整顿、保护和管理以及附带事项订立条文。

本条例由福克兰群岛殖民区的立法机关颁布，内容如下：

名称和生效时间

1. 本条例可称为《1986年渔业（保护和管理）条例》，生效日期为总督在刊登于宪报的命令中指定的日期，总督可为不同的条款指定不同的生效日期。

释 义

2. 除非上下文有其他要求，否则在本条例中：

"渔业主管"指的是根据第九条第1款指定的渔业主管。

"出口执照"指的是第七条中描述的执照。

"鱼类"指的是任何非哺乳动物或鸟类的海洋生物，不管是新鲜的还是加工处理过的，包括甲壳类动物及其任何部分，还包括鲑鱼、迁徙的鳟鱼和鱼粉。

"贝类"包括任何种类的甲壳类动物和软体动物，包括贝类的任何（或任何部分）幼虫或幼苗和贝类的卵等，以及贝类的壳或壳的任何部分。

"渔业保护官"指的是渔业主管与第九条第3款和第4款规定的任何渔业保护官员，或者渔业保护官员为本条例的目的授权的任何人员。

"捕鱼"指的是：

（1）鱼或者取鱼行为；

（2）任何其他可合理预计会导致抓鱼或取鱼的行为；或

（3）支持或筹备上述第（1）（2）所述任何活动的海上行动。

"鱼船"指的是任何大小的船舶，不论其驱动方式如何，被用来进行捕鱼活动或进行鱼类加工、贮藏、运输，或对捕鱼活动（包括转运鱼类）提供辅助。

"捕鱼执照"指的是第四条规定的执照。

"渔业水域"指的是第三条规定的福克兰群岛的水域。

"临时渔业保护和管理区"指的是总督于1986年10月29日在公告中确定并描述的区域。

"内水"指的是领海基线向陆一则的水域。

"船长"指的是指挥捕鱼船或者对捕鱼船负责或对船上的捕鱼工作负责的人员。

"转运执照"指的是第七条规定的证书。

"鱼类转运"指的是将鱼类从一条捕鱼船上转移到另一条,不论这些鱼是否一开始就装载在前一条船上。

渔 业 水 域

3. 福克兰群岛的渔业水域包括:

（1）内水；

（2）领海；

（3）临时渔业保护和管理区；

（4）在福克兰群岛生效的公告、法律或条约中要求享有渔业及渔业管理专有权的任何其他海洋的水域。

禁止无证捕鱼

4.（1）除非具有根据本法令授权的执照,否则禁止在渔业水域使用渔船进行捕鱼。

（2）如果渔船违反第（1）款的规定,船长、船主、租船者将各自面临100 000英镑的罚款。

（3）申请捕鱼执照需一定的费用。

（4）就指定的船舶而言,捕鱼执照应颁发给船长、船主或租船者,并可以授予一般捕鱼权,或可通过提述以下事项授予有限的捕鱼权:

（a）授权捕鱼的区域；

（b）授权捕鱼的周期、次数或特定的航程；

（c）可捕捞鱼类的种类、数量、大小以及介绍；或

（d）捕鱼的方法。

（5）捕鱼许可证可以无条件地批准捕鱼，或附加渔业主管认为对管理海洋捕鱼、养护或对管理渔业水域内的渔业或福兰克群岛的经济利益而言必要或有利的条件，特别是许可证载有（在不违反前述事项的前提下）下列条件：

（a）在许可证的授权下所捕获的鱼类的登陆；

（b）所捕获的鱼类的用途；

（c）对被许可的船舶进行标记，包括显示其指定的国际无线电信号；

（d）被许可船舶上须备存的捕鱼活动的记录；

（e）被许可船上装备的导航设备和海图；

（f）被许可船可进行鱼类转运的地点。

如果违反证书规定的条件，相关的船长、船主和租船者将构成犯罪，被处以20 000英镑的罚款。

（6）若船长允许船舶在渔业水域内将未经许可证授权的鱼类或者未按照许可证的规定进行捕捞的鱼类留在船上，则该行为被视为违法。

在因违反本款规定而导致的诉讼中，如果被告方能证明在渔业水域中没有鱼类被捕获、捕捞或捉到，则构成抗辩理由。

罚款金额：75 000英镑。

（7）在颁发捕鱼许可证的过程中，渔业主管可要求证书中指定的船舶的船长、船主以及租船者提供他所指定的统计信息（包括本条例生效以前任何时期内的信息）。对方若无正当理由拒绝提供，或故意提供虚假信息，或罔顾后果提供虚假信息，则被视为构成犯罪。

罚款金额：15 000英镑。

（8）如果渔业主管认为对管理海洋捕鱼、保护和管理渔业区或福克兰群岛经济效益有必要或有利，则捕鱼许可证可以：

（a）不时发生变更；

（b）被吊销或暂停。

（9）渔业主管行使第（8）款规定的权力，不得因其行使权力的条件不存在或已停止而在任何法院受到质疑、复核、撤销或质疑。

（10）如捕鱼许可证被更改、撤销或暂时吊销，渔业主管若经过周全考虑认为适当，可退还就该许可证收取的全部或部分费用。

捕鱼船进入渔业水域时关于船上鱼类的告示

5.（1）载有鱼类的渔船船长须在下列情况下向渔业保护官员通报船上鱼类的数量、类型、大小和介绍：

（a）在船只进入渔业水域前；或者

（b）在船舶离开该船的船长、船东或租船人获准捕鱼的水域前。

罚款金额：50 000 英镑。

（2）根据第（1）款发出的通知本身并不构成对第4条第（6）款规定的罪行进行检控的免责辩护。

装 载 工 具

6.（1）在任何时候,当渔船在渔业水域的任何区域时,以及在下列情况下,渔船的渔具或不需要或不允许用于捕捞的渔具，须以不易用于捕捞的方式或指定的方式存放：

（a）根据第4条禁止在该区域捕鱼；或者

（b）捕鱼许可证只准许在该区域捕捞特定种类的鱼类。

（2）如过任何船舶违反本条规定，那么：

（a）船长一经定罪，可被处以罚款；

（b）法院在定罪后，可责令没收在船上发现或由船上任何人带走或使用的任何鱼类或渔具。

罚款金额：100 000 英镑。

禁止无证转运和出口鱼类

7.（1）在渔业水域内，除非拥有根据本条批给的转运许可证或出口许可证授权，否则禁止由渔船转运或由渔船从另一渔船接收鱼类，或禁止由渔船从领海或内水运输由任何其他渔船转运的鱼类。

（2）若在违反本条规定的禁令的情况下使用任何渔船，则船长、船东及租船人均构成违法行为。

但是，在因违反本条规定而导致的诉讼中，如果被指控人能向法庭证明鱼类并非在捕鱼水域内被捕获、捕捉或获取，则该证明可作为免责辩护。

罚款金额：50 000 英镑。

（3）颁发转运许可证或出口许可证可收取一定的费用。

（4）就指定的渔船而言,转运许可证或出口许可证须批给船东或租船人，并可授予一般的转运或运输鱼类的权力，或可通过提述以下事项授予有限的权力：

（a）鱼类转运的区域；

（b）鱼类转运或运输的时期或时间；

（c）可能进行的转运次数；

（d）可运出捕鱼水域的鱼类的种类和数量；或者

（e）许可证中规定的渔船可将鱼类运出捕鱼水域的次数。

（5）转运许可证或出口许可证可无条件地批准转运、接收或出口鱼类，或附加渔业主管认为对监管鱼类的转运或出口或福克兰群岛的经济利益而言必要或有利的条件，包括在渔船上处理其接收的鱼类的条件，并可对不同渔船或不同种类的渔船施加不同的条件。

（6）如果违反第（5）款规定的条件，则渔船的船长、船东及租船人均构成犯罪。

罚款金额：20 000 英镑。

（7）渔业主管可要求转运许可证或出口许可证中指定的船舶的船长、船东及承租人以及许可证中指定的代理人提供他所指定的统计资料。任何人若无正当理由拒绝遵从该规定，即构成犯罪。

罚款：15 000 英镑。

（8）任何人在下列情况下故意提供虚假信息，或罔顾后果提供虚假信息，即构成犯罪：

（a）为了获得转运许可证或出口许可证；或者

（b）为符合第（7）款。

罚款金额：20 000 英镑。

（9）如果渔业主管认为对管理转运或出口或福克兰群岛的经济利益有必要或有利，转运许可证或出口许可证：

（a）可不时地发生更改；

（b）可被撤销或暂停。

（10）渔业主管行使第（9）款所载的权力，不得因其行使该权力的条件不存在或已停止而在任何法院受到质疑、复核、撤销或质疑。

（11）如转运许可证或出口许可证有所更改、撤销或暂时被吊销，渔业主管经过周全考虑若认为适当，可退还就该许可证收取的全部或部分费用。

许可权的行使方式

8.可行使本条例授予的许可权，以限制从事捕鱼、转运或运输鱼类的渔船或任何种类的船舶（包括在指定国家注册的船舶或任何种类的船舶）的数量，限制的范围为渔业主管认为对管理捕鱼、转运和出口，对养护或管理渔业或对福克兰群岛的经济利益所必要或适宜的范围。

渔业主管和渔业保护官员

9.（1）本条例及根据本条例制定的规定，须由总督委任的渔业主管执行。该主管须负责：

（a）鱼类资源的保护；

（b）鱼类种群的评估和统计数据的收集；

（c）渔业的发展和管理；

（d）捕鱼作业的监测、控制和监视；

（e）捕鱼作业及其附属作业的监管；

（f）捕捞、转运、出口和辅助作业许可证的颁发、变更、暂停与吊销；

（g）许可证的缴费；

（h）根据总督的决定，应其要求制作相关报告；

（i）本条例所提述的其他事宜。

（2）根据本条例执行职责时，渔业主管须遵照总督的指示行事。

（3）本条例及根据本条例制定的规定，应由渔业保护官员强制实施，受渔业主管的指导。为此目的，渔业保护官员应享有第10条列出的权力。

（4）下列人员应为渔业保护官员，即总督为此任命的每个人，福克兰群岛警察部队的每个成员，女王陛下任何船只的委任官员，以及皇家海军、陆军或空军或福克兰群岛政府的任何飞机或气垫船的指挥人或负责人。

渔业保护官员的基本权力

10.（1）为实施本条例或根据本条例制定的任何规定，渔业保护官员或获其授权的人员可对渔业水域内的任何渔船行使以下权力：

（a）可拦截船舶。

（b）可要求船长停止捕鱼，并把渔具收回船上。

（c）可要求船长为登临检查提供所有适当的便利条件。

（d）可登上船舶，并带领协助其行使权力的人一同登船。

（e）可要求船长、船员或其中的任何人出示并检查或复制任何注册证书、许可证、官方航海日志、正式文件、协议条款、捕鱼记录以及与船舶或船员或其任何成员或船上任何人有关的任何其他文件，而这些文件是他们在船上各自拥有或控制的。

（f）可召集船上的船员。

（g）可要求船长出面，就该船只和任何船员或船上的任何人以及（e）段所述的任何文件作出任何解释。

（h）为确定是否有违反本条例的任何条文或根据本条例制定的任何规定的行为，可进行他认为必要的任何搜查、检查或查询。

（i）任何搜查、检查或查询的目的，可自行或要求船长将船舶行驶至福克兰群岛的任何地方、港口或港湾。

（j）如果认为任何人犯有违反本条例或其他相关规定的罪行，可以不经传票、逮捕令或其他程序带走犯罪嫌疑人。如果在其看来该违法行为是由船长和船员共同犯下，可自行或要求船长将他认为犯有违法行为的船只连同船员一起带至福克兰群岛的港口或港湾，将其交给有管辖权的法院，并拘留相关人员以及被带至福克兰群岛的船只，直至法庭作出宣判。

（k）在顾及该船只安全的情况下，可采取步骤，将根据本条被扣押、带走或扣留的任何船舶进行制动，以防止在根据第12条或法院判决释放之前被任何人开走。

（l）如属违反第4条第（2）款或第（5）款或第7条第（12）款或第（6）款的任何罪行，可扣留他认为被用于该违法行为或与违法行为的发生有关的任何船只（包括船上的设备、物料及货物）。

（m）可扣留他认为用于违法行为的任何捕鱼设备、工具或器械。

（n）可扣留他认为在违法行为发生时捕捞的任何鱼类或生产的相关产品。

（o）可扣留或复制他认为与违法行为相关的任何文件。

（2）渔业保护官员在行使第（1）款所提述的权力时，可在必要时合理使用武力。

（3）针对渔船行使本条规定的权力时，可不必考虑该渔船当时是否从事捕鱼或从事与捕鱼有关的任何活动。

在未提起诉讼的情况下对船舶或物品的释放

11. 若根据本条例第10条取得、缴获或扣押的船舶或任何其他物品在抵达港口或海湾14天之内未被提起诉讼，则渔业主管可应要求解除对船舶或其他物品的扣押，将其归还给船长、船主、承租人或代理人。

释放渔船的担保

12.（1）若渔船因违反本条例或根据本条例订立的任何规定而被带走、扣押或扣留，并且其船长、船东或租船人因被扣留的罪行面临指控或控告，则船长、船东或租船人或其代理人可在判决裁定下达前的任何时候向法院提出申请,根据本条规定的抵押条款,请求对渔船解除扣押。

(2)在听取该申请时,法庭应:

(a)若被告提供的担保足够支付被告可能承担的最大罚款额及根据第16条第(2)款可能追讨的费用与开支的总和,则下令解除对渔船的扣押;或者

(b)若由法庭批准的任何适当的人按照第(4)款,以规定的格式和条件签发了以女王陛下为受益人的保证金,且总额不低于被告可能承担的最大罚款额及根据第16条第(2)款可能追讨的费用与开支的总和,则下令解除对渔船的扣押。

(3)尽管有上述第(2)款的规定,法庭仍可在确信存在可作为合理理由的特殊情况时,规定保证金的款额低于上述条款要求的总额。

(4)保证金的条件若为以下情况,则保证将无效,否则应保持全部效力:

(a)被告方针对控告可能被认定无罪;或者

(b)被告人在被判有罪后14天内全额缴清法庭判处的罚款以及根据第16条第(2)款所欠的所有费用与开支的总额。

(5)该保证书所指定的款额可在任何具司法管辖权的法院全额收回,作为连带或单独提供保证金的一人或多人对女皇的债务,除非该人或多人证明其已适当履行了使保证无效的条件。

(6)在本条中,"渔船"包括船上拥有或在船上使用的所有设备,也包括根据本条例或根据本条例所规定的任何条文从船上扣押并由官方保管的所有鱼类。

免　责

13. 如果渔业保护官员在行使本条例或根据本条例所规定的任何条文赋予的权力时作出或不作出任何有正当理由的作为或不作为,则不得就该作为或不作为对该官员提起民事或刑事诉讼。

对渔业保护官员的妨碍

14. 任何人如果妨碍渔业保护官员行使本条例或根据本条例所规定的任何条文所赋予的权力，或拒绝或无视渔业保护官员依据本条例合法作出或发出的任何命令、要求或指示，或拒绝或忽略回答渔业保护官员合理提出的任何问题，或阻止或企图阻止他人遵守上述命令、要求或指示或回答问题，则其行为构成犯罪。

罚款金额：50 000 英镑。

罪名、处罚及诉讼

15.（1）任何人违反本条例的任何条文或根据本条例制定的任何条文，即使该等条文并没有特别指定罪行，则仍视为违法行为。

（2）任何人违反本条例或根据本条例制定的任何条文，而该等条文并没有特别指定处罚措施，则可处以不高于 20 000 英镑的罚款。

（3）若任何人被判定犯有违反本条例或根据本条例所规定的任何条文的罪行，则法院除了对其判处任何其他刑罚，还可命令将违法过程中使用的任何渔具、工具或器械以及渔船上的任何鱼类没收归官方所有。物品被没收后，应按照总督酌情指示的方式予以处置。

（4）就根据本条例进行的任何法律程序而言，除非有相反的证明，否则在渔船上发现的任何鱼类如果存在以下情况应视为捕获所得：

（a）在渔业水域内；

（b）在鱼类被发现时在该船附近被捕获，而该渔船的许可证限制其在某一特定区域捕鱼。

（5）企图犯有本条例所订的罪行本身即构成犯罪，对其应以类似犯罪未遂的方式处理。

（6）任何船长在渔船上转运、接收、运输或以任何其他方式处理在违反本条例的情况下捕获或转运的鱼类，即构成犯罪。

（7）任何人协助、教唆、怂使或促致犯下本条例所规定的罪行，或串谋犯有这种罪行，即以其协助、教唆、怂使、促致或共谋的罪行定罪。

（8）尽管有法律规定法律程序开始的时间限制，但因违反本条例或本条例下任何条文的违法行为而进行的任何法律程序，可在违法行为发生后的任何时间开始。

（9）在符合《宪法》所规定的司法权力的情况下，所有与本条例或根据本条例制定的任何规定所订罪行有关的诉讼和诉讼程序，均可以渔业主管的名义展开和进行，而渔业主管或任何渔业保护官员均可在法院出席指控。

（10）一份由渔业主管或其为此目的授权的任何人员签署的证明书，若在证明书所指明的日期表明了以下事项，则在没有相反证据的情况下，该证明书构成证明书上所列事项的充分证据：

（a）该证明书所指定的渔船没有根据本条例领有许可证；或

（b）被告人或任何其他指定的人员并非本条例所指的许可证持有人。

简易审判庭和地方法院的管辖权

16.（1）本条例或根据本条例制定的任何条文所规定的所有刑罚、罪行及诉讼，均可在简易法庭或地方法院追讨、起诉及扣押。

（2）就根据本条例或根据本条例制定的任何条文规例所控告的罪行而言，尽管《司法行政条例》（第3章）有条文规定，但简易法庭及地方法院仍享有扩大管辖权，可施加本条例或根据本条例制定的任何条文所规定的罚款，并可将诉讼过程中产生的合理费用及开支[包括行使第10条第(1)、(j)及(k)款权力时产生的开支]判给皇室。

没收许可证

17.（1）任何人因违反本条例或根据本条例制定的任何条文而被判犯罪，之后又因违反本条例或根据本条例制定的任何条文而被判罪的，除被判处任何其他刑罚外，还须被没收根据本条例批给的任何许可证及为许可证支付的任何费用，并且自定罪之日起3年内，不得持有本条例规定的任何该类许可证。

（2）尽管有第（1）款的规定，但在一些特殊案件中，相关人员可以在定罪之日起 30 天内或在总督所容许的延长期限内，向总督提出申请。总督可指示第（1）款的条文不适用于特定的许可证，否则该许可证将被没收。

对轻微犯罪的行政处罚

18.（1）当总督有合理因由相信存在以下情况时，他可安排按照第（2）款以指定的格式向下列行为人送达书面通知：

（a）任何人犯有违反本条例或根据本条例制定的任何条文并且涉及渔船的罪行；

（b）该罪行属轻微性质；

（c）参照该渔船及行为人以往的活动，可按照本条例给予适当处罚。

（2）根据第（1）款发出的通知须指明以下内容，并且须批注一份陈述本条规定的声明：

（a）犯罪行为的日期和性质；

（b）起诉时所依据的事实概述（以充分和公平的概述告知行为人将要面临的指控）；

（c）总督认为与施加惩罚有关的任何其他事项（以往的定罪除外）。

（3）根据第（1）款收到通知的任何人，可在该通知送达后 28 天内，用指定格式书写一份给总督的通知，要求将被起诉行为的诉讼程序交由法院处理。在此情况下，以下规定应适用：

（a）总督不得根据本条款进行进一步的诉讼程序；

（b）本条不得解释为阻止随后对被指称的罪行提起任何问讯或指控，或阻止法院对违反者定罪，或阻止在定罪后根据本条例施加任何处罚或进行没收。

（4）任何接到本条第（1）款规定的通知的人，如果未要求法院处理有关指称罪行的诉讼程序，可向总督发出书面通知：

（a）承认犯罪；

（b）向总督提交他希望总督在根据本条施加任何处罚时考虑的事项。

（5）凡根据第（1）款接到通知的人没有在接到后 28 天内要求法院处理有关指称罪行的诉讼或者承认该罪行，则在期限届满时视为他已承认该罪行。

（6）若任何人根据本条承认罪行或视为承认罪行，则总督可在考虑到该人根据第（4）款提交的事项后，就该项罪行对该人施加罚款，其数额不超过法院对其定罪时可能处以的最高罚款的三分之一。

（7）若总督根据本条就任何罪行对任何人施加处罚，总督应按照指定的格式向该人送达载明处罚详情的书面通知。

（8）根据本条受到处罚的人须在收到根据第（7）款发出的处罚通知后，在28天内向官方支付罚款。

（9）在不违背第（8）款规定的前提下，根据本条施加的罚款可由官方向被施加处罚的人追讨，追讨方式与对任何罪行定罪后追讨罚款的方式相同。

（10）即使本条例或任何其他成文法则的任何其他条文另有规定，若行为人已根据本条承认罪行或视为承认罪行，则不得就该罪行向任何已承认罪行或视为已承认罪行的人提起诉讼或指控。

（11）本条并不适用于：

（a）第4条（2）款指定的任何罪行或所控罪行；或者

（b）已被提起诉讼或指控的罪行或所控罪行。

未缴纳罚金或为罚金提供担保情况下对渔船的扣押和没收

19.（1）如果任何渔船的船长、船东或承租人因违反本条例的任何规定或根据本条例制定的任何条文而被判定支付任何罚款或费用，在其未提供担保或法院认为未向官方提供足够担保的情况下，法院可命令被告立即提供担保以支付应付款项。如果没有提供令法院满意的担保，法院可命令扣留与违法行为有关的渔船，且该渔船将被依法扣留在福克兰群岛，直至被告付清相关费用或提供足额担保。

（2）如果被告没有在法院下令30天内或在法院所决定的较长期间内缴付罚款或提供保证金，法院可下令没收任何违反第4条第（2）或（5）款或第7条第（2）或（5）款的船舶及用于犯罪的设备，并在没收的情况下按照总督酌情指示的方式进行处置。

规　　章

20.（1）总督可通过枢密院令制定规章，以促进本条例的实施。

（2）在不违背前述规定的一般性原则下，这些规章尤其可就以下事项作出规定：

（a）根据本条例需要指定或可能指定的任何内容；

（b）为本条例的目的需要使用的表格；

（c）申请递交的对象及方式；

（d）申请许可证须遵循的程序；

（e）根据本条例颁发许可证的条款及条件；

（f）与许可证相关的费用；

（g）渔船上应装载的设备；

（h）为施行本条例须作出的报告；

（i）许可证申请人和持有人为本条例的目的，就渔船作业和其他方面在福克兰群岛指定授权代理人；

（j）许可证申请人或持有人为保证遵守其许可证条款和条件下的义务或遵守本条例的规定而作出保证或其他形式的保证的条文；

（k）在渔船上安置渔业保护官员和官方观察员，以及规定他们在渔船上逗留的条件；

（l）违反任何此类规定，应处以不超过 50 000 英镑的罚款。

（3）根据本条制定的规章，可针对渔业水域的不同部分制定不同的规定。

实施《渔业条例》第 27 章的限制及保留

21.（1）《渔业条例》第 27 章不适用于渔业水域的捕鱼活动。

（2）除本条第（1）款规定外，根据《渔业条例》第 27 章制定的规定仍继续有效，直至被废除为止。

坦桑尼亚
Tanzania

领海和专属经济区法案*
（1989年）

本法案设立联合共和国领海和毗邻联合共和国领海的专属经济区，行使联合共和国的主权权利，制定勘探和开发、养护和管理海洋资源以及与之相关事项的规定。

坦桑尼亚联合共和国议会颁布。

第一部分 序 言

简称和生效

1.（1）本法案可引用为1989年《领海和专属经济区法案》，并自部长在政府公报上发布的通知指定的日期起开始生效。

（2）本法案及于桑给巴尔。

---

* 由坦桑尼亚联合共和国常驻联合国代表团提交给联合国。

释 义

2. 在本法案中，除非上下文另有要求，否则：

"专属经济区"指本法案第 7 条定义的海洋区域；

"海洋法公约"指 1982 年《海洋法公约》，该公约作为本法案的附件附于其后，本法案旨在实施该公约的规定；

"经授权的海洋官员"指第 13 条提到的获得授权的官员；

"部长"指负责外交的部长。

第二部分 领 海

领 海

3.（1）兹设立一个称为"领海"的海洋区域。

（2）联合共和国的领海宽度包括从本法案第 5 条规定的海岸低潮线量起扩展至 12 海里的海域。

内 水

4. 坦桑尼亚联合共和国的内水包括位于联合共和国基线向陆一侧的全部海洋区域。

领海基线

5. 测算联合共和国领海宽度的基线为标注在经联合共和国官方承认的大比例尺海图或地图上且包括所有岛屿的海岸在内的联合共和国海岸的低潮线。

属于政府的海床和内水

6. 由坦桑尼亚海岸低潮线围绕起来的向陆一侧的海底区域的海床和底土及其向海一侧直至联合共和国领海外部界限的海床和底土，应视为属于且一贯属于联合共和国政府。

第三部分 联合共和国的专属经济区

专属经济区

7.（1）兹设立一个邻接领海的名为"专属经济区"的海洋区域。

（2）除第（3）款另有规定外，从测算领海宽度的基线量起，专属经济区不得超过200海里。

（3）尽管有第（1）款的规定，如果从领海基线到根据第（4）款划定的与联合共和国任何相邻或相向国家之间的中间线距离不足200海里，则该区域的外部界限应由联合共和国和其他国家通过协定划定。如果没有这类协定，外部界限应为中间线。

（4）中间线为这样一条线，即其上各点到领海基线上最近点的距离和到部长承认的相邻或相向国家相应的领海基线上最近点的距离相等。

在海图或地图上标注区域边界

8.（1）部长应负责将该区域的界限标注在海图或地图上。该海图或地图须依法公布。

（2）政府部门中负责陆地测量的主管应安全地保管第（1）款提及的海图或地图。任何人任何时间都可以查看该海图或地图，或购买一份经过鉴定的副本。

对该区的权利和管辖权

9. 联合共和国政府拥有：

（1）以勘探和开发、养护和管理海床上覆水域及其底土的自然资源（不论是生物资源还是非生物资源）为目的的主权权利，以及关于在该区内从事经济性开发和勘探如利用海水、海流和风力生产能等其他活动的主权权利。

（2）对下列事项的管辖权：

（a）人工岛屿、设施和结构的建造与使用；

（b）海洋科学研究；

（c）海洋环境保护和保全。

（3）国际法规定的其他权利和义务。

资源开发

10.（1）根据本法案，除非根据并遵照与联合共和国政府间的协议，任何人不得在该区域内：

（a）勘探或开发其任何资源；

（b）从事任何调查或挖掘；

（c）从事任何研究；

（d）钻探或建造、维护或操作任何结构或设施；

（e）从事任何经济活动。

（2）本条规定不适用于联合共和国公民在登记或注册于联合共和国的船舶上或船舶内进行的捕鱼活动。

（3）任何人违反本条规定，即属于犯罪，处以25万美元以上的罚款或5年以下的监禁，或两种刑罚并罚。另外，法院可以决定没收任何船舶、结构、设备、设施或与进行违法行为有关的物品。

航行自由、飞越自由和铺设电缆等的自由

11. 联合共和国在其专属经济区内承认其他国家的航行自由、飞越自由、

铺设海底电缆或管道的自由以及国际法或双边协议中规定的与航行或交通有关的其他海洋利用形式，无论该国是沿海国还是内陆国。

法律的适用

12. 任何由国民大会和参议院颁布的与捕鱼、国家环境管理、商业运输、石油和采矿有关的法律，应适用于与领海和专属经济区内资源勘探以及海洋污染问题有关的事项。

第四部分　经授权的官员

经授权的官员

13. 为本法案的目的，以下人员为指定的经授权的官员：
（1）负责渔业的政府部委的渔业官员；
（2）国防部队的成员；
（3）警察部队的成员；
（4）海关和交易税收部的官员；
（5）Kikosi Maalum Cha Kuzuia Magendo，即为人所知的"KMKM"；
（6）部长授权的其他人。

经授权的官员的权力

14.（1）经授权的官员可以为履行其职责行使本法案授予的有关如下事项的所有权力：
（a）海上或港口内政府船舶或政府结构；
（b）其有合理根据怀疑是与捕鱼有关或进行违反本法或条例的任何其他活动的外国船舶或外国机构。
（2）为履行本条规定的职责，经授权的官员可以：
（a）合理要求任何人提供帮助；

（b）采用合理必要的强制措施；

（c）要求任何人作出以方便行使这些职责为目的而且合理必要的行为；

（d）命令停止任何船舶或结构的操作；

（e）登临任何船舶；

（f）搜寻或检查任何船舶或结构或其上的捕鱼设备或其他物品；

（g）要求船舶或结构上的任何人提供任何与该船舶、结构或其上人员有关的文件或物品。

（3）经授权的官员如果有合理理由怀疑任何人（包括船舶或设施上的人员）实施了违反本法案或规章规定的行为，可以不经过批准或其他程序：

（a）扣押船舶或设施，附带扣押任何鱼类、捕鱼设备或其他被怀疑在违法行为中使用的设施；

（b）拘留其怀疑的人。

（4）如果根据第（3）款规定扣押了船舶、结构或其他物品，或拘留了某人，如果可能，经授权的官员应尽快将该船舶、结构、物品或人员带至最近的港口，并在合理的期限内将被拘留人员带至地方法院，对与引发该扣押或拘留的违法行为有关的指控进行答辩。

（5）如果根据第（3）款所扣押的任何船舶、结构、捕鱼设备或其他设备、设施或物品的所有人不明，且在一个月内没有人提出主张，则法院可以命令对其予以没收。

销售可能变质的鱼类

15.（1）经授权的官员为了防止根据第 14 条捕获的鱼类腐烂或变质，可以以渔业部门官员许可的方式将这些鱼类进行销售。

（2）根据第（1）款规定取得的售鱼收入应拨入统一基金。

（3）根据第（1）款规定售鱼的经授权的官员，应交给被扣留渔获的人一份收据，上面载明：

（a）售鱼日期；

（b）鱼的重量；

（c）售鱼收入。

该收据应经该官员签字。

（4）如果法院驳回了根据第 14 条规定对人员的指控，并且该人拥有的鱼已被售出，则法院应命令给予该人数额不超过售鱼纯收入的补偿金。

（5）根据第（4）款规定应付的补偿金应从统一基金支出。

免　　责

16. 联合共和国经授权的官员对履行本法案职责时所作出的行为不承担责任。

第五部分　违法行为及杂项规定

一般违法行为

17. 任何人若存在以下情形，即构成违法行为，应被宣布为有罪，并被处以不低于 10 万美元的罚款或不超过两年的监禁，或两种刑罚并罚，并且法院可以命令没收任何船舶、结构、设备、设施或其他与违法行为有关的物品：

（1）攻击、反抗、阻碍或胁迫经授权的官员或帮助经授权的官员履行职责的其他人；

（2）对履行职责的经授权的官员使用下流、辱骂或侮辱性的语言；

（3）干涉或干扰经授权的官员履行职责的行为；

（4）通过任何送礼、贿赂、承诺或其他刺激物，阻止经授权的官员履行其职责；

（5）没有经授权的官员的批准，被发现持有任何根据第 14 条规定扣押的物品；

（6）违反本法案中任何没有规定罚则的条款或违反规章。

归还扣押的财产

18. 根据第 15 条的规定，法院可以命令将根据第 14 条第（3）款扣押的财产返还给被扣押物品的人或该人指定的其他人，如果：

（1）法院驳回了根据该法案或规章对该人提出的指控，并认为根据司法公正的原则该财产应被返还；

（2）根据本款规定扣押之后，在合理期间内没有针对任何人提出指控。

规　　章

19. 部长可以会商负责管理坦桑尼亚大陆和桑给巴尔岛适用法律的部长，制定实施本法案规定的一般规章，特别是关于如下事项的规章：

（1）有关该区域内勘探和开发的任何活动；

（2）有关该区域内经济勘探和开发的任何活动；

（3）对该区域进行科学研究的授权、控制和管理；

（4）该区域内结构和设施的安全和保护；

（5）联合共和国海洋环境的养护及其海洋污染的防止和控制；

（6）对该区域内任何人的行为的管制；

（7）海洋生物资源的养护措施。

1973 年第 209 号政府通知废除

20. 公布的声明，即 1973 年第 209 号政府通知，特此废除。

美 国
United States of America

美国总统关于美国领海的公告[*]
（1988 年 12 月 27 日）

国际法承认沿海国可以对其领海行使国家主权和司法管辖权。

美国领海指美国陆地领土及其内水以外的海域，美国对其行使国家主权和司法管辖权，该权利及于领海的上空及其海床和底土。

美国将领海扩展至国际法允许的范围，将有利于美国的国家安全和其他重要利益。

为此，我，美利坚合众国总统罗纳德·里根，以美国宪法和法律赋予我的权力，并按照国际法的规定，特此宣布延长美国、波多黎各自由邦、关岛、美属萨摩亚群岛、美属维尔京群岛、北马里亚纳联邦和其他美国行使主权的领土或属地的领海。

自此以后，美国的领海从根据国际法确定的美国基线量起延伸至 12 海里。

按照体现国际法原则的 1982 年《联合国海洋法公约》的相关规定，在

---

* 此公告由美国常驻联合国代表团提交给联合国。

美国领海内，任何国家的船舶均享有无害通过权，任何国家的船舶和飞机享有国际海峡的过境通行权。

本公告的任何规定不得：

（1）扩展或改变现行联邦法或州法或源自联邦法或州法的任何管辖权、权利、法律利益或责任；或者

（2）妨碍按照国际法所作的任何涉及外国管辖权的美国海洋边界的决定。

我谨于1988年12月27日，即美利坚合众国独立第213年之12月27日，亲笔在此签名为证。

罗纳德·里根

二、交往信件

新 加 坡
Singapore

1986年12月5日表明新加坡共和国政府对于越南所谓的历史性水域和划定基线权利主张的立场的声明[*]

新加坡共和国驻联合国代表团向联合国秘书长致意，并谨提及以下文件：

（1）1982年7月7日签署的所谓《越南社会主义共和国与柬埔寨人民共和国关于历史性水域的协议》；

（2）1982年11月12日越南社会主义共和国政府关于越南领海基线的声明[**]，已作为联合国大会正式文件（A/37/697，附件）分发；

（3）1984年6月5日越南社会主义共和国关于其领空的声明，已作为联合国大会正式文件（A/39/309，附件）分发。

新加坡共和国政府认为，越南社会主义共和国政府在1982年11月12日的声明中声称的基线不符合1958年4月29日《日内瓦领海及毗连区公约》第四条规定和1982年《联合国海洋法公约》第七条规定所反映的关于该问

---

[*] 之前作为1968年12月照会A/41/67正式文件分发。
[**] 转载于《国家实践的当代发展》（联合国出版，销售编号E.87.V.3）第143页。

题的公认国际法规则，越南是这些公约的缔约国。

至于对越南发布的旨在声称对泰国湾所谓"历史性水域"上空以及基于其1982年11月12日声明而划定的领海基线的其他水域上空拥有主权的1984年6月5日声明，新加坡共和国政府秉持与上述对越南领海基线相同的立场，坚决反对此类违背国际法的领空主权主张。

因此，新加坡共和国政府抗议越南社会主义共和国政府在1982年11月12日4号和1984年6月5日声明中提出的要求，并保留新加坡国民在有关海域及其上空的权利和利益。

而且，关于"越南社会主义共和国与柬埔寨人民共和国关于历史性水域的协议"，新加坡共和国政府在此谨指出，所谓的柬埔寨人民共和国政府不具有代表性，而且不能被视为代表。无论如何，只有柬埔寨民主联合政府才是唯一合法的柬埔寨政府，才能代表柬埔寨，这是得到联合国压倒性多数认可的。因此，所谓的柬埔寨人民共和国政府意图签署或缔结的任何协议或声明都是没有法律效力的。

美 国
United States of America

**1987年6月17日美国常驻联合国代表团关于
1982年7月《越南社会主义共和国与柬埔寨人民共和国
关于历史性水域的协议》照会**

美国常驻联合国代表团于1987年6月17日致联合国秘书长的照会内容如下:

美国所指的是1982年7月7日签署的题为《越南社会主义共和国与柬埔寨人民共和国关于历史水域的协议》的协定。

根据这项协定的条款,双方声称从大陆扩展到Thu Chu和Poulo Wai岛的泰国湾部分的水域是历史性水域。

众所周知,根据国际习惯法和国家实践的长期标准,只有在满足以下先决条件时,历史性水域才被认为是有效的:(1)声称其主张的国家公开实行并众所周知;(2)国家在长期和连续的时期内有效行使了其职权;(3)其他国家对此默许。

就上述协定缔约方提出的历史性水域主张而言,这项主张最早是在1982年7月7日之前,即不到5年前在国际上提出的,尽管该协定声称,由于越南和柬埔寨的特殊地理条件及其对各国国防和经济的重要意义,这些水域"长期属于越南和柬埔寨"。

自该声明颁布以来的一段短暂时间不足以满足关于确立对历史性水域主张的第二项标准,也没有证据表明两国之中的任何一国在协定签署之日之前或之后有效地行使了对主权水域的权利。此外,在缺乏对该水域的"特殊地理条件"的实质性优点或不足之处及其对每个国家国防和经济的重要意义情况下,这种考虑不符合对历史性水域提出有效主张的任何公认的国际习惯法的先决条件。

最后,美国没有默认这一主张,也不能说国际社会曾经有过此类实践。鉴于1982年首次颁布的主张的性质,鉴于该权利主张的性质首次公布于1982年,如此短暂的期间无法满足充分认可默认的完善程度。

因此,美国认为对有关水域的历史性要求是没有根据的,并保留它和它的国民在这方面的权利。

三、批准 1982 年《联合国海洋法公约》时所作的声明[*]

[*] 批准时所作的声明没有载入当前出版物的,可以在《联合国海洋法公约》(联合国出版物,销售书号为 No.E.85.V.5)的第 34 至第 39 页查阅。

巴　西
Brazil

批准 1982 年《联合国海洋法公约》时发表的声明

批准书交存日期：1988 年 12 月 22 日

依照《联合国海洋法公约》第三百一十条，巴西联邦共和国政府作出以下声明：

1. 巴西政府认为：本法第三百〇一条禁止"对任何国家的领土完整进行武力威胁或使用武力，或以任何其他与《联合国宪章》具体规定不符的方式进行武力威胁或使用武力"的规定尤其适用于沿海国主权或管辖权下的海域。

2. 巴西政府认为：《联合国海洋法公约》的条款不授权其他国家未经沿海国同意在专属经济区进行军事演习，特别是进行涉及使用武器和爆炸物的军事演习。

3. 巴西政府认为：依照《联合国海洋法公约》的相关规定，沿海国家在专属经济区和大陆架享有建设、批准和管理各种设施及构筑物的建造使用的专属权利，不论其性质或目的为何。

佛得角
Cape Verde

批准书交存日期：1987 年 8 月 10 日

1. 佛得角共和国重申其 1982 年 12 月 10 日签署《联合国海洋法公约》时递交的声明文件。（详见 1983 年 2 月 23 日的批准交存书 C.N.7.1983.TREATIES-1，附件 B。）

2. 佛得角共和国声明，在不妨碍《联合国海洋法公约》第三百〇三条的情况下，在由佛得角行使主权和管辖权的海域内发现的任何考古与历史文物，未经佛得角事先通知和同意，不得移除。

3. 佛得角共和国声明，在缺乏或任何其他和平手段失败的情况下，根据《联合国海洋法公约》的第二百八十七条，按照优先顺序选择下列程序解决有关解释或适用本公约的争端：

（1）国际海洋法法庭；

（2）国际法院。

4. 根据《联合国海洋法公约》的第二百九十八条，佛得角共和国声明，它不接受该公约第十五部分第二节规定的有关解决军事活动争端的程序，包括与从事非商业服务且由政府经营的船舶和飞机的军事活动有关的争端，以及与行使上述公约第二百九十七条第 2 款和第 3 款不属于法院或法庭管辖范围的主权权利与管辖权有关的执法活动有关的争端。

也 门
Yemen

批准书交存日期：1987年7月21日

1. 也门人民民主共和国将优先执行其国家现行法律。这些法律要求外国军舰、潜艇、核动力或者装载放射性物质的船舶入境或过境须时须事先获得许可。

2. 也门人民民主共和国和任何与其海岸相向或相邻国家的海洋划界，基本上采用的是中间线划界，即其上每一点都同测算两国领海宽度的基线上最近各点的距离相等。这将适用于也门人民民主共和国大陆领土以及岛屿的海洋划界。

几内亚比绍
Guinea-Bissau

批准书交存日期：1986 年 8 月 25 日

几内亚比绍共和国政府声明，关于《联合国海洋法公约》第二百八十七条，选择解决与解释或者适用《联合国海洋法公约》有关的争端的程序，几内亚比绍不接受国际法院的管辖，因此也不接受第二百九十七条和第二百九十八条的管辖。

科威特
Kuwait

批准书交存日期：1986 年 5 月 2 日

谅　解
请知悉，科威特政府批准 1982 年 12 月 10 日签署于蒙特哥湾的《联合国海洋法公约》，并不意味着科威特政府以任何方式承认以色列。

而且，科威特与以色列之间不会建立条约关系。

坦桑尼亚
Tanzania

批准书交存日期：1985 年 9 月 30 日

根据《联合国海洋法公约》第二百八十七条，坦桑尼亚联合共和国声明，坦桑尼亚联合共和国选择国际海洋法法庭来解决有关解释或适用《公约》的争端。

南斯拉夫
Yugoslavia

批准书交存日期：1986 年 5 月 5 日

1. 根据缔约国依据《联合国海洋法公约》第三百一十条所享有的权利，南斯拉夫社会主义联邦共和国政府认为，根据国际习惯法和根据无害通过权（《公约》第十七至第三十二条），沿海国可以依其本国法律和规则，要求外国军舰的通过和同时通过的军舰数量的限制应分别获得沿海国的事先批准。

2. 社会主义联邦共和国政府还认为，根据《公约》第三十八条第 1 款和第四十五条第 1 款第（a）项，它可以根据其法律和条例，决定在南斯拉夫社会主义联邦共和国领海内在用于国际航行的海峡中酌情保留无害通过的规则。

3. 鉴于《公约》关于毗连区的规定（第三十三条）中没有规定海岸相向或相邻国家之间毗连区的划界规则，南斯拉夫社会主义联邦共和国政府认为，1958 年 4 月 29 日在日内瓦签署的《领海和毗连区公约》第二十四条第 3 款所规定的国际习惯法原则将适用于《联合国海洋法公约》缔约国之间毗连区的划界。

四、反对声明

澳大利亚
Australia

澳大利亚政府对菲律宾签署并批准确认的谅解的异议 *
（1988年8月3日）

1988年8月3日，秘书长收到澳大利亚政府对菲律宾签署的谅解提出的如下反对意见：

澳大利亚认为，菲律宾共和国签署的这一声明不符合《联合国海洋法公约》第三百〇九条，该条规定禁止作出保留，也不符合《联合国海洋法公约》第三百一十条，该条允许作出声明，但条件是这种声明无意排除或更改本《公约》条款适用于该国时的法律效力。

菲律宾共和国的宣言声称，《公约》不影响菲律宾宪法、国内法和菲律宾加入的任何条约所产生的主权权利。这实际上表明菲律宾并不认为它有义务使其法律与《公约》的规定相一致。菲律宾提出这样的主张是为了修改《公约》规定的法律效力。

宣言中提到群岛水域的地位，支持了这一观点。该宣言指出，《公约》中群岛水域的概念类似于菲律宾以前宪法规定的内水的概念。这一概念最

---

* 通过交存批准书（序号为联合国秘书处的 C.N.173.1988. TREATIES-1）散发给缔约国。

近在1987年菲律宾新宪法第一条中得到重申。然而,《公约》显然区分了这两个概念,而且群岛水域适用的义务和权利与内水适用的义务和权利不同。特别是,《公约》规定外国船舶在群岛水域行使无害通过权和群岛海道通过权。

因此,澳大利亚不能接受菲律宾的声明在《公约》生效时具有任何法律效力或将具有任何效力,并认为应遵守《公约》的规定,而不受菲律宾共和国声明中所主张内容的限制。

菲律宾
Philippines

菲律宾就澳大利亚对菲律宾签署
并批准确认的谅解提出异议的声明 *

1988年10月26日，秘书长收到菲律宾政府就澳大利亚提出的上述反对意见所作的声明，内容如下：

菲律宾的声明是根据《联合国海洋法公约》（以下称《公约》）第三百一十条作出的。该声明包括关于《公约》某些条款的解释性陈述。

菲律宾政府试图促进其国内法与《公约》规定保持一致，正在采取必要步骤，根据《公约》颁布关于群岛海道通过和菲律宾对群岛水域行使主权权利的法令。

因此，菲律宾政府谨向澳大利亚政府和《公约》缔约国保证，菲律宾将遵守上述《公约》的规定。

---

* 通过交存批准书（序号为联合国秘书处的 C.N.254.1988.TREATIES-2）散发给缔约国。

保加利亚
Bulgaria

保加利亚政府对菲律宾
签署并批准确认的谅解的异议

1985年9月17日，秘书长收到保加利亚政府对菲律宾提交的谅解提出的如下反对意见：

保加利亚人民共和国密切关注一些国家的行动。这些国家在签署或批准《联合国海洋法公约》时已作出与《公约》本身相抵触的保留意见，或颁布了国家法律，排除或修改《公约》的相关条款在适用于这些国家时的法律效力。这些行为违反了《联合国海洋法公约》第三百一十条，不符合习惯国际法准则和《维也纳条约法公约》第十八条的明确规定。

这种倾向破坏了《联合国海洋法公约》的主旨和意义。该《公约》为海洋及其资源的利用确立了普遍和统一的规则。

在保加利亚共和国外交部交给菲律宾驻贝尔格莱德大使馆的普通照会文件中（见附件），保加利亚政府已经将菲律宾在签署《公约》时发表并在批准《公约》时确认的声明视为不具有法律效力。

保加利亚人民共和国今后将反对任何试图单方面修改《联合国海洋法公约》所确立的法律制度的行为。

附　件

1985年5月3日保加利亚人民共和国外交部
交给菲律宾驻贝尔格莱德大使馆的普通照会文件

　　保加利亚人民共和国外交部向菲律宾驻贝尔格莱德大使馆致意，并就1984年5月22日联合国秘书处分发的内容涉及菲律宾政府批准《联合国海洋法公约》的交存批准书C.N.104.1984.TREATIES-3，谨通知如下：

　　保加利亚人民共和国认为，菲律宾在签署和批准《联合国海洋法公约》（以下简称《公约》）时所作声明的第6段和第7段实质上载有对《公约》的保留和例外。根据《公约》第三百〇九条，这些保留和例外是不可接受的。同时，这种声明不符合《公约》第三百一十条。根据该条，各国只能作出声明和说明，"但此种声明和说明不得排除或更改本《公约》各项规定在适用于该国时的法律效力"。

　　菲律宾声明第6段申明，"群岛水域的概念与菲律宾宪法规定的内水的概念相似，并将连接这些水域与经济区或公海的海峡排除在外国船只过境通行国际航行的权利之外"。这种群岛水域法律地位的概念违反了《联合国海洋法公约》第四部分。除其他之外，声明特别强调，尽管菲律宾批准了《联合国海洋法公约》，但菲律宾将继续以其国内法为指导，处理与海洋法有关的事项。该立法将群岛水域的法律地位等同于内水的法律地位。因此，菲律宾不仅没有使其立法与《公约》协调一致，而且拒绝履行《公约》规定的基本义务之一，即尊重群岛水域制度，该制度规定外国船只享有群岛通行权，外国飞机有权飞越群岛水域。

　　综上所述，保加利亚人民共和国不能承认菲律宾的声明是合法的，并认为该声明不符合《联合国海洋法公约》的规定，因此没有法律效力。保加利亚的船只和飞机将遵守《公约》第四部分规定的群岛通行和飞越制度。

　　保加利亚人民共和国外交部借此机会再次向菲律宾驻贝尔格莱德大使馆致以最崇高的敬意。

五、条　约

多边条约

南太平洋区域自然资源和环境保护公约

（1986年11月24日）

各缔约方，

充分认识到南太平洋地区自然资源的经济和社会价值；

考虑到太平洋人民在公认的习俗和惯例中表现出的传统和文化；

意识到他们有责任为了当代和后代的利益与享受而保护自然遗产；

认识到该区域特殊的水文、地质以及生态特征，需要特别注意和负责任地管理；

又认识到污染和没有将环境因素充分纳入发展进程对海洋和沿海环境及其生态平衡、资源与合法利用构成的威胁；

力求确保资源开发应与保持该区域独特的环境质量和不断发展的持续资源管理原则相协调；

充分认识到成员国之间以及成员国与相关国际、区域和分区域组织之间进行密切合作的必要性，以确保协调和全面开发本区域的自然资源；

认识到广泛接受和国家执行已经存在的关于海洋和沿海环境的国际协定的可取性；

但是，注意到关于海洋和沿海环境的现有国际协定尽管取得了进展，却仍未涵盖海洋污染和环境退化的所有方面与根源，也不符合南太平洋区域的特殊要求；

希望通过区域公约，加强执行 1982 年 3 月 11 日在库克群岛拉罗汤加岛通过的《南太平洋区域自然资源和环境管理行动计划》总目标；

达成如下协议：

第一条 地理覆盖范围

1. 本《公约》适用于第二条第（1）款界定的南太平洋区域（以下称"公约区域"）。

2. 除本《公约》任何议定书另有规定外，公约区域不应包括缔约方根据国际法界定的内水或群岛水域。

第二条 定义

为本《公约》及其议定书的目的，除非任何此类议定书另有规定：

（1）公约区域应包括：

（a）根据国际法设立的 200 海里的海域——

美属萨摩亚	澳大利亚（东海岸和东向岛屿，包括麦格理岛）
库克群岛	密克罗尼西亚联邦
斐济	法属波利尼西亚
关岛	基里巴斯
马绍尔群岛	瑙鲁
新喀里多尼亚和属地	新西兰
纽埃	北马里亚纳群岛
帕劳	巴布亚新几内亚
皮特凯恩群岛	所罗门群岛
托克劳	汤加
图瓦卢	瓦努阿图
瓦利斯和富图纳群岛	西萨摩亚

（b）第（a）项提及的 200 海里的海域所环绕的公海区域。

（c）根据第 3 条列入公约区域的太平洋区域。

(2)"倾倒"是指：

——在海上蓄意处置船只、飞机、平台或其他海上人造结构的废料或其他物质；

——在海上蓄意处置船只、飞机、海上平台或其他人造结构。

"倾倒"不包括：

——处置因船舶、飞机、平台或其他海上人造结构及其设备的正常运行而附带或衍生的废物或其他物质，但由船舶、飞机、平台或其他海上人造结构运输或运往这些结构的废物或其他物质除外，而该等废物或其他物质是为了处置这些物质，或为处置这些船舶、飞机、平台或结构上的此类废物或其他物质而运作。

——非单纯为了处置的目的而放置物质，但这种放置不得违背本《公约》的目的。

(3)"废物或其他物质"是指任何种类、形式或类别的材料和物质。

(4)下列废物或其他物质应被视为非放射性废物：

污水污泥、疏浚物、粉煤灰、农业废物、建筑材料、船只、人造礁建筑材料和其他此类材料，但这些废物或物质没有受到人为来源的放射性核素的污染（核武器试验造成的全球放射性核素分散除外），也没有成为商业用途天然放射性核素的潜在来源，不含有天然或人工放射性核素。

如果存在关于所倾倒材料是否应被视为非放射性物质的问题，为本《公约》的目的，除非拟议倾倒的有关国家当局确认这种倾倒不会超过国际原子能机构关于豁免辐射源和做法管制的一般原则下的个人和集体剂量限制，否则不得倾倒此种材料。国家当局还应考虑到国际原子能机构制定的有关建议、标准和准则。

(5)"船只"和"飞机"是指任何类型的水上或空中飞行器。这一表述包括气垫飞行器和漂浮飞行器，不论其是否属于自行推进。

(6)"污染"是指人类直接或间接向海洋环境（包括河口）引进物质或能源，造成或可能造成有害影响，如损害生物资源和海洋生物，危害人类健康，妨碍海洋活动（包括捕鱼和其他合法利用海洋的活动），损害海水利用品质和减少设施等。

将这一定义适用于《公约》义务时，缔约方应尽最大努力遵守包括国际原子能机构在内的主管国际组织制定的适当标准和建议。

（7）"组织"是指南太平洋委员会。

（8）"局长"是指南太平洋经济合作局局长。

第三条　公约区域补充

任何缔约方可将处于其管辖范围内且位于北回归线至南纬60度、东经130度至西经120度之间的区域添加到公约区域。这些增加应通知保管人，并由其及时通知其他缔约方和组织。这些区域应在保管人通知缔约方后90天内纳入公约区域，但受该提案影响的任何缔约方不得反对增加新区域的提案。如有任何异议，有关方面将协商解决问题。

第四条　总则

1. 缔约方应努力缔结双边或多边协定，包括区域或分区域协定，以保护、开发和管理公约区域的海洋与沿海环境。此类协定应符合本《公约》，并符合国际法。此类协定的副本应送交本组织，并通过本组织送交本《公约》的所有缔约方。

2. 本《公约》或其议定书的任何规定不得被视为影响缔约方根据先前达成的协议所需承担的义务。

3. 本《公约》及其议定书的任何规定不得解释为损害或影响1972年《防止废弃物及其他物质污染海洋的公约》中任何条款或术语的解释和适用。

4. 本《公约》及其议定书应按照与其主题有关的国际法解释。

5. 本《公约》及其议定书的任何规定均不得损害任何缔约方当前或未来就海洋管辖权的性质和范围提出的主张与法律观点。

6. 本《公约》的任何规定均不影响各国根据本国政策开发、发展和管理本国自然资源的主权权利，并考虑到它们保护和保全环境的义务。各方应确保在其管辖或控制范围内的活动不会对其他国家或对本国管辖范围以外地区的环境造成损害。

第五条　一般义务

1. 无论是单独还是联合，各缔约方应依照国际法，并依照本《公约》及其所加入的现行议定书，努力采取一切适当措施，防止、减少和控制公约地区任何来源的污染，并确保采取妥善的方式管理环境和开发自然资源，为此目的，并根据其能力，利用可供其使用的最佳可行的手段。在此过程中，各缔约方应努力协调区域政策。

2. 各缔约方应尽最大努力确保本《公约》的实施不会导致公约区域以外的海洋环境污染的增加。

3. 除了《防止南太平洋区域倾倒污染议定书》和《南太平洋区域合作应对污染紧急情况议定书》，双方还应合作制定和通过其他议定书，规定措施、程序和标准，以防止、减少和控制各种来源的污染，或根据本《公约》的目标促进环境管理。

4. 各缔约方应考虑到现有国际公认的规则、标准、做法和程序，与全球、区域和分区域主管组织合作，建立并采取建议的做法、程序和措施，以防止、减少和控制各种来源的污染，促进持续的资源管理，并确保按照本《公约》及其议定书的目标妥善开发自然资源，并相互协助履行本《公约》及其议定书规定的义务。

5. 缔约各方应努力制定法律法规，以有效履行本《公约》规定的义务。此类法律法规的效力应不低于国际规则、标准以及建议的做法和程序的效力。

第六条　船舶污染

各缔约方应采取一切适当措施，防止、减少和控制船舶排放对公约区域造成的污染，并确保在公约区域有效实施通过主管国际组织或一般性国际组织制定的有关控制船舶污染的公认国际规则和标准。

第七条　陆源污染

各缔约方应采取一切适当措施，防止、减少和控制沿岸倾倒或其境内河流、河口、沿海设施、排放结构或任何其他来源的排放对公约区域造成的污染。

第八条　海底活动污染

各缔约方应采取一切适当措施，防止、减少和控制公约区域内因勘探和开发海床及其底土而直接或间接造成的污染。

第九条　空气污染

各缔约方应采取一切适当措施，防止、减少和控制公约区域内因其管辖范围内的活动而排放到大气中的污染。

第十条　废弃物处理

1. 各缔约方应采取一切适当措施，防止、减少和控制船舶、飞机或人造结构在海上倾倒造成的污染，包括有效实施有关控制倾倒废弃物和其他物质的国际公认的有关规则和程序。缔约方同意禁止在公约区域倾倒放射性废物或其他放射性物质。在不影响向海床和底土处置废弃物或其他物质是否为"倾倒"的情况下，各方同意禁止在公约区域的海床和底土处置放射性废物或其他放射性物质。

2. 本条还应适用于缔约方依照国际法向公约区外延伸的大陆架。

第十一条　有毒有害废物的贮存

缔约方应采取一切适当措施，防止、减少和控制在公约区域内贮存有毒和危险废物造成的污染。特别是，缔约国应禁止在公约区域贮存放射性废物或其他放射性物质。

第十二条　核装置试验

各缔约方应采取一切适当措施，防止、减少和控制在公约区域进行核装置试验可能造成的污染。

第十三条　采矿和海岸侵蚀

各缔约方应采取一切适当措施，防止、减少和控制公约区域的环境损害，特别是海岸工程、采矿活动、除砂、填海和降排造成的海岸侵蚀。

第十四条　特别保护区和野生动植物的保护

无论是单独还是联合，各缔约方应采取一切适当措施，保护和保全公约区域内的稀有或脆弱生态系统以及枯竭、受威胁或濒危的动植物及其生境。

为此，缔约方应酌情建立保护区，如公园和保护区，并禁止或管制可能对这些保护区旨在保护的物种、生态系统或生物过程产生不利影响的任何活动。设立这类地区不应影响其他当事方或第三国根据国际法享有的权利。

此外，各方还应就此类地区的行政管理情况交流信息。

第十五条　紧急情况下合作治理污染

1. 各缔约方应合作采取一切必要措施处理公约地区的污染紧急情况，不论发生这种紧急情况的原因是什么，并防止、减少和控制由此产生的污染或污染威胁。为此，各方应制订和推动各自的应急计划与联合应急计划，以应对公约区域内涉及污染或污染威胁的事件。

2. 当发现公约区域即将受到污染或已经受到污染的情况时，缔约方应立即通知它认为可能受到这种污染影响的其他国家和地区以及本组织。此外，它还应在可行的情况下尽快向其他国家和地区以及本组织通报它为减少或控制污染或污染威胁而采取的任何措施。

第十六条　环境影响评价

1. 各缔约方同意在有关全球、区域和分区域主管组织的协助下，根据要求制定和维持适当强调环境和社会因素的技术准则与立法，以促进其自然资源的均衡开发和可能影响海洋环境的重大项目的规划，从而防止或最大限度地减少对公约区域的有害影响。

2. 各缔约方应在其能力范围内评估这些项目对海洋环境的潜在影响，以便采取适当措施，防止公约区域内发生任何重大污染或重大有害变化。

3. 关于第2款所指的评估，各缔约方应酌情：

（1）征求根据国家程序提出的公众意见；

（2）邀请可能受到影响的其他缔约方，与其磋商并提出意见。

这些评估的结果应通报本组织，由本组织提供给有关缔约方。

第十七条　科技合作

1. 缔约方应直接或在全球、区域和分区域主管组织的协助下，在与《公约》宗旨有关的科学研究、环境监测、数据交换和其他科学技术信息交流方面开展合作。

2. 此外，缔约方应为本《公约》的目的，制定和协调与公约区域有关的研究和监测方案，并在实际可行的情况下，在制定和实施区域、分区域和国际研究方案方面进行合作。

第十八条　技术和其他援助

各缔约方承诺，在考虑到岛屿发展中国家和地区特殊需要的情况下，直接并适当通过与有关的全球、区域和分区域主管组织合作，在与公约区域的污染和健全环境管理有关的领域，向其他缔约方提供技术援助和其他援助。

第十九条　信息传递

各缔约方应按照缔约方决定的形式和时间间隔，向本组织递交材料，阐述它们为执行本《公约》及其所加入的议定书而采取的措施。

第二十条 责任和赔偿

各方应就对公约污染区域造成损害的责任和赔偿问题，合作制定并通过符合国际法的适当规则和程序。

第二十一条 体制安排

1. 本组织应负责执行以下秘书处职能：

（1）筹备和召开缔约方会议；

（2）向缔约方转交与本《公约》及其议定书有关的通知、报告和其他资料；

（3）履行本《公约》各项议定书赋予的职能；

（4）审议缔约方的询问和资料，并就与本《公约》及其议定书有关的问题与缔约方进行磋商；

（5）协调实施双方商定的合作活动；

（6）确保与其他全球、区域和公共区域主管机构进行必要的协调；

（7）作出有效履行秘书处职能所必要的行政安排；

（8）履行缔约方可能分配的其他职能；

（9）向南太平洋会议和南太平洋论坛转交缔约方常规会议和特别会议的报告。

2. 各缔约方应为本《公约》的目的指定一个适当的本国主管部门作为与本组织进行沟通的渠道。

第二十二条 缔约方会议

1. 缔约方应每两年举行一次常规会议。常规会议应审查本《公约》及其议定书的执行情况，特别是：

（1）定期评估公约地区的环境状况；

（2）审议缔约方根据第十九条提交的资料；

（3）根据第二十五条的规定，根据需要批准、审查和修订本《公约》及其议定书的附件；

（4）根据第二十三条和第二十四条的规定，就通过任何议定书或对本《公约》或其议定书的任何修正案提出建议；

（5）根据需要设立工作组，审议与本《公约》及其议定书有关的任何事项；

（6）审议在本《公约》及其议定书框架内开展合作活动，包括其所涉及的财政和体制问题，并通过有关决定；

（7）审议并采取为实现本《公约》及其纲要的目的可能需要采取的任何其他行动；

（8）与本组织协商，以协商一致的方式通过财务细则和预算，以及确定缔约方在本《公约》及其所加入的议定书下的财务参与情况。

2. 本组织应在本《公约》根据第三十一条生效之后一年内召开第一次缔约方常规会议。

3. 应任何缔约方的请求或应本组织的请求可召开特别会议，但此类请求必须得到至少三分之二缔约方的支持。缔约方特别会议的职能是，审议召开特别会议的请求中提出的项目以及出席会议的所有缔约方商定的任何其他项目。

4. 缔约方应在其第一次常规会议上以协商一致的方式通过会议议事规则。

第二十三条 通过议定书

1. 缔约方可在全权代表会议上根据第五条第3款通过本《公约》的议定书。

2. 如果大多数缔约方提出请求，则本组织应召开一次全权代表会议，以通过本《公约》的各项议定书。

第二十四条 公约及其议定书的修正

1. 任何缔约方可对本《公约》提出修正案。修正案应由全权代表会议通过，全权代表会议应由本组织应三分之二缔约方的请求召开。

2. 本《公约》任何缔约方均可对任何议定书提出修正案。该种修正案应由本组织应有关议定书三分之二缔约方的请求召开的全权代表会议通过。

3. 对《公约》或任何议定书提出的修正案应送交本组织。本组织应迅速将该种提案转交给所有其他缔约方审议。

4. 审议《公约》或任何议定书拟议修正案的全权代表会议应在符合第1款或第2款（视情况而定）规定的召开会议的要求后于90天内召开。

5. 对本《公约》的任何修正案，应以出席全权代表会议的《公约》缔约方四分之三的多数票通过，并应由保管人提交，供《公约》所有缔约方接受。任何议定书的修正案应以议定书缔约方四分之三的多数票通过，并提交全权代表会议,由保管人提交,供议定书所有缔约方接受。

6. 批准、接受或核准修正案的文书应交存于保管人。修正案应于保管人收到至少四分之三的《公约》或有关议定书(视情况而定)缔约方的文书之日后第 30 天,在接受此类修正案的缔约方之间生效。此后,修正案应在任何其他缔约方交存批准书之日后第 30 天对该方生效。

7. 本《公约》或议定书修正案生效后,《公约》或议定书的任何新缔约方均应成为经修正的《公约》或议定书的缔约方。

第二十五条 附件和附件修正案

1. 本《公约》或任何议定书的附件应分别构成《公约》或议定书的组成部分。

2. 除任何议定书对其附件另有规定外,下列程序应适用于本《公约》附件或任何议定书附件的任何修正案的通过和生效:

(1)任何缔约方均可对本《公约》的附件或任何议定书的附件提出修正。

(2)任何拟议修正案应由本组织在召开缔约方会议前至少 60 天通知缔约方,除非会议放弃这一要求。

(3)此类修正案应在缔约方会议上以有关文书缔约方四分之三的多数票通过。

(4)保管人应立即将通过的修正案通知所有缔约方。

(5)任何缔约方如无法批准对本《公约》附件或任何议定书附件的修正案,应在保管人发出修正通知之日起 100 天内,以书面形式通知保管人。缔约方可随时改变先前的反对声明而接受修正案,修正案随即对该方生效。

(6)保管人应立即通知所有缔约方依照前款规定收到的任何通知。

(7)在上述第(5)款所述期限届满时,附件的修正案将对尚未按照该款规定提交通知的本《公约》或有关议定书的所有缔约方生效。

3. 新附件的通过和生效应与第 2 款规定的附件修正案的通过和生效遵循相同的程序,但如果涉及对《公约》或有关议定书的任何修正,新附件在该修正案生效之前不得生效。

4. 对仲裁附件的修正应视为对本《公约》或其议定书的修正,并应按照第二十四条规定的程序提出和通过。

第二十六条 争端的解决

1. 对本《公约》或其议定书的解释或适用有争议时，缔约方应通过谈判或自行选择的任何其他和平方式解决争议。如果不能达成协议，有关方应当寻求第三方斡旋或者共同请求第三方进行调解。

2. 如果有关各方不能通过第 1 款所述的手段解决争议，除本《公约》任何议定书另有规定外，经协商一致，应将争议按照本《公约》仲裁附件规定的条件提交仲裁。但是，未能就争议提交仲裁达成共同协议，并不免除缔约方继续以第 1 款所指的方式解决争议的责任。

3. 缔约方可以在任何时候声明，对于接受同样义务的任何其他缔约方，在事实上和没有特别协议的情况下，应承认适用仲裁附件中规定的仲裁程序是强制性的。此种声明应以书面形式通知保管人，保管人应及时通知其他缔约方。

第二十七条 本《公约》及其议定书之间的关系

1. 任何国家除非同时成为一项或多项议定书的缔约国，否则不得成为本《公约》的缔约国。任何国家除非是或同时是本《公约》的缔约国，否则不得成为议定书的缔约国。

2. 依照本《公约》第二十二条、第二十四条和第二十五条作出的关于任何议定书的决定，只能由有关议定书的缔约方作出。

第二十八条 签名

本《公约》、《南太平洋地区合作应对污染紧急情况议定书》和《防止南太平洋区域倾倒污染议定书》应于 1986 年 11 月 25 日在新喀里多尼亚努美阿南太平洋委员会总部以及于 1986 年 11 月 26 日至 1987 年 11 月 25 日在斐济苏瓦南太平洋经济合作局总部开放，供应邀参加 1986 年 11 月 24 日至 1986 年 11 月 25 日在新喀里多尼亚努美阿举行的保护南太平洋地区自然资源和环境高级别会议全权代表会议的国家签署。

第二十九条 批准、接受或核准

本《公约》及其任何议定书须经第二十八条所指国家批准、接受或核准。批准书、接受书或核准书应交存于作为保管人的署长处。

第三十条 正式加入

1. 本《公约》及其任何议定书应自有关《公约》或议定书停止供签署

之日后第二天起开放,供第二十八条所指国家加入。

2. 第 1 款未提及的任何国家均可加入《公约》和任何议定书,但须事先得到《公约》或有关议定书四分之三缔约方的批准。

3. 正式加入的文书应交存于保管人。

第三十一条 生效

1. 本《公约》应于交存至少 10 份批准书、接受书、核准书或加入书之日后第 30 天生效。

2. 除本议定书另有规定外,本《公约》的任何议定书应在交存至少 5 份该议定书的批准书、接受书或核准书或加入书之日后第 30 天生效,但任何议定书不得在本《公约》生效之前生效。如果议定书的生效条件在《公约》根据第 1 款规定生效之前满足,则该议定书应与《公约》同日生效。

3. 此后,本《公约》和任何议定书应在交存批准书、接受书、核准书或加入书之日后第 30 天对第二十八条或第三十条所指的任何国家生效。

第三十二条 解约

1. 自本《公约》对其一缔约方生效之日起两年后,该缔约方可通过向保管人发出书面通知退出本《公约》。

2. 除本《公约》任何议定书另有规定外,任何缔约方均可在本议定书对该缔约方生效之日起两年后的任何时候,书面通知保管人退出本议定书。

3. 退约应自保管人收到退约通知之日起 90 天后生效。

4. 退出本《公约》的任何缔约方应被视为已退出其加入的任何议定书。

5. 任何缔约方在退出议定书后不再是本《公约》任何议定书的缔约方时,应被视为也退出了本《公约》。

第三十三条 保管人的责任

1. 保管人应通知缔约方和本组织:

(1)本《公约》及其任何议定书的签署情况,以及根据第二十九条和第三十条交存批准书、接受书、核准书或加入书的情况;

(2)《公约》和任何议定书根据第三十一条规定生效的日期;

(3)根据第三十二条发出的退约通知;

(4)根据第三条通知对公约区域的任何增补;

（5）根据第二十四条规定对《公约》和任何议定书通过的修正案、缔约方接受修正案的情况及其生效日期；

（6）根据第二十五条通过的新附件和对任何附件的修正。

2.本《公约》及其任何议定书的原件应交存于保管人。保管人应根据《联合国宪章》第一百〇二条将其核证无误的副本送交签署国、缔约方、本组织和联合国秘书长，以便进行登记或公布。

下列代表经各自政府正式授权签署本《公约》，以昭信守。

于1968年11月24日签订于新喀里多尼亚努美阿，一式两份，以英文和法文写成，两种文本具有同等效力。

仲 裁 附 件

第一条

除非《公约》第二十六条所指的协议另有规定，否则仲裁程序应符合本附件所列的规则。

第二条

申请方应通知本组织，各方已同意根据第2款将争议提交仲裁，或适用《公约》第二十六条第3款。通知应说明仲裁的主题事项，并包括对《公约》或其任何议定书的规定的解释或适用有异议的主题。本组织应将此信息转交给《公约》或议定书的所有相关缔约方。

第三条

1.如果争议各方同意，在收到仲裁通知之日起30天内，仲裁法庭应由一名仲裁员组成。

2.在仲裁员死亡、伤残或违约的情况下，争议各方可在仲裁员死亡、伤残或违约后30天内商定更换仲裁员。

第四条

1.如果争议各方未能根据本附件第三条就法庭达成协议，法庭应由3名成员组成：

（1）争议方各指定一名仲裁员。

（2）第三名仲裁员将由两名第一提名人协商指定，并担任主席。

2. 如果在第二名仲裁员提名后 30 天内没有提名法庭主席，争端各方应根据一方的请求，在 30 天内向本组织秘书长提交一份商定的合格人员名单。

秘书长应尽快从该名单中选出主席。除非获得争议另一方的同意，否则不得选择现在或曾经是争议一方国民的人员作为主席。

3. 如果争议一方未能在收到仲裁通知之日起 60 天内按第 1 款第（1）项的规定指定仲裁员，则另一方可在商定合格人员名单后 30 天内向本组织秘书长提出申请。秘书长应尽快从该名单中选出法庭主席。之后，主席应要求尚未指定仲裁员的一方指定仲裁员。

如果该当事方在提出请求后 15 天内没有提名仲裁员，则秘书长应根据主席的请求，从商定的合格人员名单中提名仲裁员。

4. 在仲裁员死亡、残疾或违约的情况下，提名他的争议当事方应在此种死亡、残疾或违约情况出现后 30 天内提名替补人选。如果该缔约方没有指定替补人选，仲裁将继续进行。如果主席死亡、伤残或违约，则须在该种死亡、伤残或违约情况发生后天 90 内，按照第 1 款第（2）项及第 2 款的规定提名替补人选。

5. 仲裁员名单应由本组织秘书长保存，仲裁员由各方提名的合格人员组成。每一缔约方可指定不一定是其国民的 4 名人员列入名单。如果争议各方未能在规定的时限内向秘书长提交第 2、第 3 和第 4 款规定的合格人员的商定名单，则秘书长应从他持有的名单中选出尚未被提名的一名或多名仲裁员。

第五条

仲裁法庭可直接审理和裁定因争议标的产生的反诉。

第六条

法庭可应争议一方的请求，建议采取临时保护措施。

第七条

争议各方应对自己的案件准备工作所产生的费用负责。仲裁庭成员的报酬和仲裁产生的所有一般费用应由争议各方平等承担。法庭应保存其所有开支的记录，并向当事各方提供最后陈述。

第八条

任何具有法律性质的利益并可能受到本案裁决影响的一方，在向最初启动仲裁程序的争议各方发出书面通知后，可以在仲裁法庭的同意下介入仲裁程序，仲裁庭应当经自由裁量给予同意。任何介入者应自费参与。任何此类介入人员均有权按照本附件第九条规定的程序，就引起其干预的事项提出证据、案情摘要和口头辩论，但无权决定法庭的组成。

第九条

根据本附件规定设立的法庭应自行决定其议事规则。

第十条

1. 除非仲裁法庭由一名仲裁员组成，否则仲裁庭对其程序、会议地点以及提交给它的与争议有关的任何问题的决定应由其成员以多数票表决通过。但是，由争议一方提名的任何法庭成员缺席或弃权，并不妨碍法庭作出裁决。在平等投票的情况下，主席的表决是决定性的。

2. 争议各方应为法庭的工作提供便利，特别是应根据其立法并利用其所掌握的一切手段：

（1）向法庭提供一切必要的文件和资料；

（2）使法庭能够进入其领土，听取证人或专家的证词，并视察仲裁标的现场。

3. 争议一方未能遵守第2款的规定或不为其案件辩护，并不妨碍法庭作出决定和作出裁决。

第十一条

法庭应自成立之日起5个月内作出裁决，除非法庭认为有必要将这一期限延长不超过5个月。法庭的裁决应附有作出裁决的理由说明。它应是最终的，无须提起上诉，并应送交本组织秘书长，由秘书长通知各方。争议各方应立即遵守裁决。

防止南太平洋区域倾倒污染议定书
（1986 年 11 月 25 日）

议定书缔约方，

作为 1986 年 11 月 24 日在新喀里多尼亚努美阿通过的《南太平洋区域自然资源和环境保护公约》的缔约国；

认识到倾倒废物或其他物质造成的污染对海洋环境构成的危害；

考虑到南太平洋地区独特的环境质量，认为它们有共同的利益保护南太平洋地区免受这种危害；

希望按照 1972 年《防止倾倒废物及其他物质污染海洋的公约》第一百一十一条的规定缔结一项符合该《公约》的区域协定，根据这项协定，该《公约》缔约国承诺努力按照该区域协定的目标和规定行事；

同意如下：

第一条　定义

本议定书所称的《公约》是指 1986 年 11 月 24 日在新喀里多尼亚努美阿通过的《南太平洋区域自然资源和环境保护公约》。

第二条　地理范围

适用本议定书的区域（以下简称"议定书区域"）是指《公约》第二条所界定的公约区域以及根据国际法向公约区域以外延伸的缔约国大陆架。

第三条　一般义务

1. 双方应采取一切适当措施，防止、减少和控制议定书区域内的倾倒污染。

2. 在未经一缔约方事先明确同意的情况下，不得在国际法所界定的该方领海和专属经济区内或大陆架上倾倒废物。在充分考虑到本议定书规定的情况下，并在与其他各方充分考虑到可能因地理位置而受到不利影响的事项后，该方有权准许、管制和控制此种倾倒。

3. 缔约国通过的国家法律、法规和措施在防止、减少与控制倾倒污染效力方面应不亚于 1972 年《防止倾倒废物及其他物质污染海洋的公约》框架内制定的有关控制倾倒的国际公认规则和程序。

第四条 违禁物质

1. 除本议定书规定的情况外，禁止在议定书区域倾倒本议定书附件一所列的废物或其他物质。

2. 本议定书的任何规定不得解释为防止某一缔约方就当事方而言禁止倾倒附件一中未提及的废物或其他物质。该缔约方应将此类措施通知本组织。

第五条 特别许可证

在议定书区域倾倒本议定书附件一所列的废物或其他物质，每一种情况都需要事先获得特别许可。

第六条 一般许可证

在本议定书区域倾倒本议定书附件一和附件一未列明的所有废物或其他物质，需要事先获得一般许可。

第七条 许可证发放的制约因素

第五条和第六条所指的许可证，只有在认真考虑了本议定书附件三所列的所有因素之后方可发放。本组织应收到此类许可证的发放记录。

第八条 附件物质的分配

根据附件四，物质应分配给本议定书的附件一和附件二。

第九条 不可抗力

在天气压力造成不可抗力的情况下，或在对人的生命构成危险或对船只、飞机、平台或海上其他人造结构构成实际威胁的任何情况下，需要在海上确保人的生命安全或船只、飞机、平台或其他人造结构的安全时，如果倾倒似乎是避免威胁的唯一办法，而且倾倒造成的损害极有可能小于其他情况可能产生的损害，则第四条、第五条和第六条的规定不再适用。倾倒时，应尽量减少对人类或海洋生物造成损害的可能性。此种倾倒应立即向本组织汇报，并通过本组织或直接向任何可能受影响的一方或多方汇报，同时应提供详细情况以及倾倒的废物或其他物质的性质与数量。

第十条 紧急事件

1. 在议定书所涉及的地区出现紧急情况，对人类健康构成不可避免的风险，并且没有其他可行的解决办法时，缔约方可签发特别许可证，作为第四条的例外情况。在此之前，缔约方应与任何其他可能受到影响的国家或国际组织进行磋商。本组织在与其他缔约方以及相应的国际组织磋商后，应根据第十五条迅速向缔约方建议采取最适当的程序。缔约方应尽最大可能遵循这些建议，以符合必须采取行动的时间和避免损害海洋环境的一般义务，并应将所采取的行动通知本组织。各缔约方承诺在这种情况下相互协助。

2. 本条不适用于附件一第 1 款第（6）项所述的用于生物和化学战争的任何形式的材料。

3. 任何缔约方均可在批准、接受、核准或加入本议定书时或之后放弃第 1 款规定的权利。

第十一条　许可证的发放

1. 各缔约方应指定一个或多个适当当局：

（1）签发第五条规定的特别许可证和第十条规定的紧急情况下的特别许可证；

（2）签发第六条规定的一般许可证；

（3）保存允许倾倒的废物或其他物质的性质和数量以及倾倒地点、日期与方法的记录；

（4）为本议定书的目的单独或与其他缔约方和主管国际组织合作监测议定书区域的情况。

2. 每一缔约方的有关当局应就下列情况下拟倾倒的废物或其他物质颁发第五条、第六条规定的许可证和第十条规定的紧急情况下的许可证：

（1）在其境内或在其近海码头装载；或者

（2）在非本议定书缔约国领土或近海码头时，由悬挂其国旗的船只或其登记注册的船只或飞机装载。

3. 在根据第 1 款第（1）和第（2）项签发许可证时，有关当局应遵守附件三的规定以及它们认为相关的其他标准、措施和要求。

第十二条　实施和执行

1. 各缔约方应将执行本议定书所需的措施适用于以下所有对象：

（1）悬挂其国旗的船只及其登记注册的船只和飞机；

（2）在其领土内或在其近海码头装载将要倾倒的废物或其他物质的船只和飞机；

（3）据信在其管辖区域内从事倾倒活动的船只、飞机和固定或浮动平台。

2. 各缔约方应在其领土内采取适当措施，防止和惩罚违反本议定书规定的行为。

3. 双方同意合作制定特别是在公海有效适用本议定书的程序，包括报告船只和飞机被发现违反本议定书进行倾倒的程序。

4. 本议定书不适用于根据国际法享有主权豁免的船只和飞机。但是，每一缔约方应通过采取适当措施，确保其拥有或运营的此类船只和飞机以符合本议定书目的与宗旨的方式行事，并应相应地通知本组织。

第十三条　采取其他措施

本议定书的任何规定概不影响各缔约方根据国际法原则采取其他措施防止倾倒的权利。

第十四条　倾倒事件的报告

缔约方承诺向其海上检查船只和飞机以及提供其他服务的有关部门发出指示，向其当局报告议定书区域内已发生或即将发生的疑似违反本议定书规定的倾倒事件或情况。该缔约方如认为适当，应向本组织和任何其他有关方面提出相应的报告。

第十五条　体制安排

缔约方指定本组织履行以下职能：

（1）应要求协助缔约方按照第九条和第十四条提交报告；

（2）向有关缔约方转达本组织根据第四条第2款和第十条收到的所有通知；

（3）向作为负责履行1972年《防止倾倒废物及其他物质污染海洋的公约》秘书处职能的国际海事组织转交根据第七条收到的记录和任何其他资料；

（4）随时了解不断变化的国际标准以及研究和调查结果，并向议定书缔约方会议通报这种发展情况以及可能需要对附件进行的任何修改；

（5）履行各缔约方指派的其他职责。

第十六条　缔约方会议

1. 本议定书缔约方的常规会议应与根据《公约》第二十二条举行的《公约》缔约方常规会议同时举行。本议定书缔约方还可根据《公约》第二十二条举行特别会议。

2. 本议定书缔约方会议的职能是：

（1）审查本议定书的执行情况，并审议所采取措施的效力和采取任何其他措施的必要性，特别是以附件的形式；

（2）研究和审议根据第五条、第六条、第七条颁发许可证和根据第十条紧急情况下颁发许可证的记录，以及倾倒情况的记录；

（3）根据需要审查和修正本议定书的任何附件，同时考虑到附件四；

（4）视必要通过为第七条的目的提交记录时应遵循的编写记录和程序的准则；

（5）与本组织和其他主管国际组织协商，根据第十条制定、通过和执行程序，包括确定紧急情况的基本标准以及在这种情况下咨询意见和安全处置、储存或销毁物质的程序；

（6）视需要邀请适当的科学机构，就与本议定书有关的任何科学或技术特别是附件的内容和适用性，与缔约方和本组织合作，并向缔约方和本组织提供咨询意见；

（7）履行可能适用于执行本议定书的其他职能。

3. 根据《公约》第二十五条对本议定书附件进行的修正，应以本议定书缔约方四分之三的多数票通过。

第十七条 本议定书与《公约》的关系

1.《公约》中有关任何议定书的规定应适用于本议定书。

2. 根据《公约》第二十二条通过的议事规则和财务规则应适用于本议定书，除非本议定书缔约方另有协议。

下列署名人经各自政府正式授权，在本议定书上签字，以昭信守。

签署：1986年11月25日，于新喀里多尼亚努美阿，以英文和法文写成，两种文本具有同等效力。

附 件 一

1. 为本议定书第四条的目的列出下列物质与材料：

（1）有机卤素化合物。

（2）汞和镉化合物。

（3）镉及其化合物。

（4）持久性塑料和其他持久性合成材料，如网和绳索。它们可能会在海洋中悬浮存留，严重干扰捕鱼、航行或海洋的其他合法用途。

（5）原油及其废物、精炼石油产品、石油馏分残渣以及为倾倒目的而装载的任何含有这些物质的混合物。

（6）为生物和化学战争生产的任何形式（例如固体、液体、半液体、气体或处于活态）的材料。

（7）有机磷化合物。

2. 第一款不适用于因海洋物理、化学或生物过程而迅速变得无害化的物质（但为生物或化学战争生产的物质除外），条件是这些物质：

——不会使本可以食用的海洋生物变得难以食用；或者

——不会危害人类健康或海洋生物群健康。

如果对物质的无害性有疑问，缔约方应遵循第十条规定的磋商程序。

3. 本附件不适用于含有第一款第（1）至第（5）项所述的微量污染物的废物或其他材料，如污水淤泥和疏浚物。此类废物的倾倒应酌情遵守附件二和附件三的规定。

附　件　二

为本议定书第五条的目的，列出下列需要特别注意的物质和材料：

（1）含有大量下列物质的废物——

（a）砷；

（b）铅；

（c）铜；

（d）锌；

（e）以上物质的化合物；

（f）有机硅化合物；

（g）氰化物；

（h）氟化物；

（i）未列入附件一的农药及其副产品。

（2）在颁发倾倒酸碱的许可证时，应考虑在此类废物中存在第（1）项所列的物质以及下列附加物质的可能性：

（a）铍；

（b）铬；

（c）镍；

（d）钒；

（e）以上物质的化合物。

（3）易沉入海底的容器、废金属和其他体积庞大的废物可能对捕鱼或航行构成严重障碍。

某些物质虽然无毒，但可能会因倾倒数量的变化而变得有害，或者可能会降低环境的舒适性。

附 件 三

考虑到本议定书第七条，在制定海上倾倒物质许可证发放标准时应考虑以下规定：

（1）物质的特性和组成

（a）倾倒物质的总量和平均组成（例如每年）。

（b）形式（如固体、污泥、液体或气体）。

（c）性质：物理（如溶解度和密度）、化学和生物化学（如需氧量、营养素）、生物（如病毒、细菌、酵母、寄生虫的存在）。

（d）毒性。

（e）持久性：物理、化学和生物。

（f）生物材料或沉积物质中的积累和生物转化。

（g）对物理、化学和生物化学变化的敏感性，以及水生环境中与其他溶解的有机和无机材料的相互作用。

（h）产生污染或其他变化降低资源（如鱼、贝类等）可销售性的可能性。

（i）在签发倾倒许可证时，缔约方应考虑是否有充分的科学依据和是否对拟倾倒的废物或其他物质的组成与特性有充分的了解，以评估此类物质对海洋环境和人类健康的影响。

（2）倾倒地点的特点和倾倒方式

（a）位置（例如倾倒区的坐标、距离海岸的深度和距离）、与其他地区（例如舒适区、产卵区、育苗区和捕鱼区以及可开发的资源）的相对位置。

（b）每个特定时期的处置率（例如每天、每月的数量）。

（c）包装和密封方法（如果有的话）。

（d）通过建议的释放方法实现的初始稀释。

（e）分散特性（如海流、潮汐和风力对水平输送与垂直混合的影响）。

（f）水的特性［例如温度，pH值，盐度，分层，污染的氧指数——溶解氧（DO），化学需氧量（COD），生化需氧量（BOD）——以有机和矿物形式存在的氮，包括氨、悬浮物、其他营养素和生产力］。

（g）底部特征（例如地形、地球化学和地质特征以及生物生产力）。

（h）倾倒区内其他倾倒物的存在和影响（如重金属背景值和有机碳含量）。

（i）在发放倾倒许可证时，缔约方应考虑是否有充分的科学依据来评估本附件概述的此类倾倒的后果，同时考虑到季节性变化。

（3）一般性考虑事项和条件

（a）对便利设施可能产生的影响（例如存在漂浮或滞留物质以及混浊、异味、变色和起泡现象）。

（b）可能对海洋生物、鱼类和贝类养殖、鱼类种群和渔业、海藻收获和养殖产生的影响。

（c）对其他海洋用途可能产生的影响（例如工业用水水质受损，结构在水下受腐蚀，漂浮材料干扰船舶作业，通过在海底沉积废物或固体物体干扰捕鱼或航行，以及为科学或养护目的保护特别重要的地区）。

（d）可供选择的陆上处理、处置或消除方法或使该物质对海上倾倒危害较小的处理方法的实际可用性。

（4）参考

还应参考1972年《防止倾倒废物及其他物质污染海洋的公约》缔约方协商会议通过的《附件三的实施和统一解释准则》。

附件四　附件物质的分配

1. 依据下列标准的任何组合，将物质分配给附件一和附件二：

（1）持久性和降解性；

（2）生物累积潜力；

（3）对海洋生物的毒性；

（4）对人类、家畜、海洋哺乳动物和捕食海洋生物的鸟类的毒性；

（5）致癌性和致突变性；

（5）干扰海洋其他合法用途的能力。

2. 附件一所列物质具有高度持久性，同时：

（1）对海洋生物及其捕食者、家畜或人类的毒性累积到有害水平；或者

（2）通过海洋途径对家畜或人类的致癌性或致突变性累积到有害水平；或者

（3）对渔业、便利设施或海洋的其他合法用途造成干扰。

3. 除了分配给附件一的物质，附件二所列物质都是被认为适合列入附件的物质。

南太平洋区域合作应对污染紧急情况议定书
（1986年11月25日）

本议定书缔约方，

作为1986年11月24日在新喀里多尼亚努美阿通过的《南太平洋区域自然资源和环境保护公约》的缔约国；

意识到近海和近海矿物的勘探、开发、使用与危险物质的使用以及相关的船舶运输构成南太平洋地区重大污染紧急情况的威胁；

意识到该区域的岛屿由于生态系统的敏感性和经济上对沿海地区持续利用的依赖而特别容易受到严重污染的损害；

认识到一旦发生污染紧急情况或污染威胁，首先应在国家层面迅速采

取有效行动，以便组织和协调预防、减轻与清理活动；

进一步认识到在有效应对污染突发事件或其威胁方面合理准备、相互合作和援助的重要性；

决定通过制订国家应急计划，与适当的双边和分区域应急计划相协调，避免对南太平洋区域海洋环境和沿海地区造成生态破坏；

同意如下：

第一条 定义

为本议定书的目的：

（1）"公约"是指1986年11月24日在新喀里多尼亚努美阿通过的《南太平洋区域自然资源和环境保护公约》（以下称《公约》）。

（2）"南太平洋区域"是指《公约》第二条界定的公约区域和邻近的沿海区域。

（3）缔约方的"相关利益"（除其他外）指：

（a）海上、沿海、港口或河口活动；

（b）渔业活动以及包括沿海生态系统在内的生物和非生物资源的管理与养护；

（c）有关地区的文化价值和传统习俗权利的行使；

（d）沿海人口的健康；

（e）旅游和娱乐活动。

（4）"污染事件"是指无论何种原因造成的石油或其他危险物质的排放或重大威胁，从而对海洋和沿海环境造成或即将造成污染威胁，或对一方或多方的相关利益造成不利影响，并要求采取紧急行动或其他应急反应，以尽量减少其影响或消除其威胁。

第二条 适用

本议定书适用于南太平洋区域的污染事件。

第三条 总则

1. 本议定书各缔约方应在各自能力范围内合作采取一切必要措施，保护南太平洋区域免受污染事件的威胁和影响。

2. 各缔约方应在各自能力范围内，建立和保持或确保建立和保持预防与打击污染事件的手段,并降低污染事件的风险。这种手段应包括在必要时颁布有关立法、制订应急计划、发展或加强应对污染事件的能力,并指定一个负责执行本议定书的国家机构。

第四条 信息交流

每一缔约方应直接或通过本组织与其他各方定期交流有关本议定书执行情况的最新信息,包括确定负责开展本议定书所涉及活动的官员以及与预防、减少、消除污染事件的有害影响有关的法律、法规、机构和业务程序的信息。

第五条 关于污染事件的信息交流和报告

1. 各缔约方应制定适当程序,确保尽快报告污染事件的信息,并除其他外:

(1)要求本国政府有关官员向其报告所注意到的任何污染事件的发生情况;

(2)要求悬挂本国国旗的船只的船长和在其管辖下运作的海上设施的负责人向其报告涉及该船只或设施的污染事件;

(3)制定程序,鼓励悬挂本国国旗的船只或其注册的船只的船长在切实可行的范围内,向南太平洋区域任何可能受到严重影响的沿海国报告涉及他们的船只的任何污染事件;

(4)要求在本国海岸附近作业的所有船只的船长和所有飞机的飞行员向其报告他们所知道的任何污染事件。

2. 如果收到污染事件的报告,每一缔约方应立即通知利益可能受到此类事件影响的所有其他方以及任何涉及此类事件的船只的船旗国。各方还应通知本组织,直接或通过本组织通知主管国际组织。此外,它还应在可行的情况下尽快向其他缔约方和本组织通报它为尽量减少或降低污染或污染威胁而采取的任何措施。

第六条 互相协助

1. 需要协助处理污染事件的每一缔约方可以直接或通过本组织请求其他各方的协助。请求援助的一方应具体说明所需援助的类型。根据本条,被请求援助的缔约方应在力所能及的范围内,根据与请求方达成的协议提供援助,并特别考虑到石油以外的危险物质造成的污染以及可利用的技术手段。如果在本条框架内共同作出响应的各方提出请求，本组织可协调由此开展的活动。

2. 各方应为应对污染事件所需的技术人员、设备和材料进出其领土提供便利。

第七条 运营措施

各缔约方应在力所能及的范围内采取包括以下概述的措施应对污染事件：

（1）对事件进行初步评估，包括现有或可能的污染影响的类型和程度；

（2）根据第五条及时与其他缔约方和本组织沟通有关情况的信息；

（3）迅速确定是否有能力采取有效措施应对污染事件和可能需要的援助，并根据第六条向有关缔约方或组织传达任何此类援助的请求；

（4）酌情与其他受影响或有关的各方或与本组织进行协商，以确定对污染事件的必要反应；

（5）采取必要措施，预防、消除或控制污染事件的影响，包括对情况进行监视和监测。

第八条 分区域安排

1. 各缔约方应制定和维持适当的双边或多边分区域安排，特别是便利第六条和第七条规定的步骤，并考虑到本议定书的一般规定。

2. 任何安排的缔约方应将缔结此种分区域安排及其规定的情况通知本议定书的其他缔约方和本组织。

第九条 体制安排

各缔约方指定本组织履行以下职能：

（1）应请求协助缔约方按照第五条通报污染事件报告。

（2）应请求协助缔约方按照第六条组织应对污染事件的行动。

（3）应请求在下列领域向缔约方提供援助：

（a）编制、定期审查和更新第三条第2款所述的应急计划，以便（除其他外）促进各方计划的兼容性；

（b）确定培训课程和方案。

（4）应请求在区域或分区域的基础上在下列领域协助缔约方：

（a）协调应急活动；

（b）提供讨论紧急反应和其他相关议题的论坛。

（5）与以下方面建立和保持联系：

（a）适当的区域组织和国际组织；

（b）适当的私营组织，包括可能在南太平洋地区造成污染事件的物质的生产者和运输者以及清理承包商与合作社。

（6）保持现有应急设备的适当库存。

（7）传播有关污染事件的预防和控制以及清除由此产生的污染物的信息。

（8）确定或维护应急通信系统。

（9）鼓励缔约方以及有关国际和私人组织对污染事件的环境影响、污染事件控制材料的环境影响以及与污染事件有关的其他事项进行研究。

（10）协助缔约方根据第四条交流信息。

（11）编写报告和履行各缔约方指派的其他职责。

第十条 缔约方会议

1. 本议定书缔约方的常规会议应与根据《公约》第二十二条举行的《公约》缔约方常规会议同时举行。本议定书缔约方还可按照《公约》第二十二条的规定举行特别会议。

2. 缔约方会议的职能为：

（1）审查本议定书的实施情况，并考虑作出特别技术安排和采取其他措施来提高其效力；

（2）考虑采取任何措施改善本议定书下的合作，包括根据《公约》第二十四条对本议定书进行修正。

第十一条 本议定书与《公约》的关系

1.《公约》中有关任何议定书的规定应适用于本议定书。

2. 根据《公约》第二十二条通过的议事规则和财务规则应适用于本议定书，除非本议定书缔约方另有协议。

下列署名人经各自政府正式授权在本议定书上签字，以昭信守。

1986年11月25日签订于新喀里多尼亚努美阿，以英文和法文写成，两种文本具有同等效力。

若干太平洋岛屿国家政府和美国政府渔业条约
（1987年4月2日）

本条约中的太平洋岛屿国家政府和美国政府：

承认根据国际法沿海国拥有勘探和开发、养护和管理其专属经济区或渔业区内渔业资源的主权权利；

认识到太平洋岛屿缔约方对渔业资源的高度依赖和持续丰富这些资源的重要性；

深感有些鱼类会在任何一方的管辖范围之内和管辖范围之外被发现，遍及广阔的地区；

希望最大限度地提升太平洋岛屿缔约方专属经济区或渔业区内渔业资源开发的效益；

同意如下：

第一条 定义和解释

1. 在本条约中：

（1）"管理人"是指太平洋岛屿缔约方根据本条约指定的代表其行事并通知美国政府的个人或组织。

（2）"终审判决"是指60日内未提起上诉的判决。

（3）"捕捞"是指：

（a）搜寻、捕捉、捕获或收获鱼类；

（b）试图搜寻、捕捉、捕获或收获鱼类；

（c）从事任何其他可以合理预计导致鱼类被定位、捕捉、捕获或收获的活动；

（d）放置、搜寻或回收集合装置或无线电信标等相关电子设备；

（e）直接支持或筹备本段所述任何活动的海上行动；或者

（f）涉及本段所述活动的飞机使用，但涉及机组人员健康或安全或船只安全的紧急情况下的飞行除外。

（4）"美国渔船"或"船只"是指根据美国法律记录的用于、装备成用于或通常用于商业捕捞的任何船只、船舶或其他船只。

（5）"许可区"是指条约区内的所有水域，但下列水域除外：

（a）根据国际法属于美国管辖范围的水域；

（b）根据附件一禁止美国渔船捕鱼的水域。

（6）"经营人"是指负责、指挥或控制船只的任何人，包括船主、承租人和船长。

（7）"太平洋岛屿某一缔约方"指本条约的太平洋岛屿某一缔约方，"太平洋岛屿缔约方"指所有此类国家。

（8）"太平洋岛屿国家"是指1979年《南太平洋论坛渔业局公约》的缔约国。

（9）"某一缔约方"指本条约的某一缔约国，"缔约方"指所有此类国家。

（10）"本条约"是指本条约及其附件和附表。

（11）"条约区"是指受太平洋岛屿缔约国渔业管辖的南纬60度以北和东经90度以东的所有水域，以及为本条约目的而指定的连接下列地理坐标的恒向线以内的所有其他水域，并沿东经152度向北延伸，与澳大利亚200海里界限相交，但根据国际法受非缔约国管辖的水域除外：

南纬2度35分39秒	东经141度0分0秒
北纬1度1分35秒	东经140度48分35秒
北纬1度1分35秒	东经129度30分0秒
北纬10度0分0秒	东经129度30分0秒
北纬14度0分0秒	东经140度0分0秒
北纬14度0分0秒	东经142度0分0秒
北纬12度30分0秒	东经142度0分0秒
北纬12度30分0秒	东经158度0分0秒
北纬15度0分0秒	东经158度0分0秒
北纬15度0分0秒	东经165度0分0秒
北纬18度0分0秒	东经165度0分0秒
北纬18度0分0秒	东经174度0分0秒
北纬12度0分0秒	东经174度0分0秒
北纬12度0分0秒	东经176度0分0秒
北纬5度0分0秒	东经176度0分0秒

北纬 1 度 0 分 0 秒	180 度 0 分 0 秒
北纬 1 度 0 分 0 秒	西经 164 度 0 分 0 秒
北纬 8 度 0 分 0 秒	西经 164 度 0 分 0 秒
北纬 8 度 0 分 0 秒	西经 158 度 0 分 0 秒
0 度 0 分 0 秒	西经 150 度 0 分 0 秒
南纬 6 度 0 分 0 秒	西经 150 度 0 分 0 秒
南纬 6 度 0 分 0 秒	西经 146 度 0 分 0 秒
南纬 12 度 0 分 0 秒	西经 46 度 0 分 0 秒
南纬 26 度 0 分 0 秒	西经 157 度 0 分 0 秒
南纬 26 度 0 分 0 秒	西经 174 度 0 分 0 秒
南纬 40 度 0 分 0 秒	西经 174 度 0 分 0 秒
南纬 40 度 0 分 0 秒	西经 171 度 0 分 0 秒
南纬 46 度 0 分 0 秒	西经 171 度 0 分 0 秒
南纬 55 度 0 分 0 秒	180 度 0 分 0 秒
南纬 59 度 0 分 0 秒	东经 160 度 0 分 0 秒
南纬 59 度 0 分 0 秒	东经 152 度 0 分 0 秒

2. 本条约中的任何规定不得被视为影响本条约未指明或未作其他说明的太平洋岛屿缔约国法律任何条款的适用性。

第二条　扩大合作

1. 美国政府将酌情与太平洋岛屿缔约方合作，通过提供技术和经济支助协助太平洋岛屿缔约方实现从开发渔业资源中获得最大利益的目标。

2. 美国政府应酌情促进根据本条约获得许可证的美国渔船的作业给太平洋岛屿缔约国带来最大化利益，包括：

（1）使用太平洋岛屿缔约方的罐装、转运、滑动和修理设施；

（2）向太平洋岛屿缔约方的供应商购买设备和用品，包括燃料用品；

（3）在领有执照的美国渔船上雇用太平洋岛屿国家的国民。

第三条　进入条约区

1. 根据附件一所述条款和条件以及按照附件二所列程序发放的许可证，美国渔船可获准在许可区内进行捕鱼。

2. 根据本条约颁发的任何许可证含有的条件是：被颁发执照的船只须

按照附件一的要求进行操作。除非依照本条第 3 款的规定，或者除非美国渔船在条约区的公海使用拖网法捕捞长鳍金枪鱼，否则美国渔船不得在没有根据附件二颁发的许可证的情况下在许可区内或在依照附件一禁止捕捞的水域内进行捕捞。

3. 按照与美国渔船的船东或其代表不时商定的条款和条件，太平洋岛屿缔约方可允许美国渔船在本缔约方管辖的水域内从事捕捞活动，这些水域：

（1）在条约区内但在许可区外；或者

（2）除围网渔船外，在许可区内，但不符合附件一所指的条款及条件。

在这种情况下，如果太平洋岛屿缔约方将这种安排通知美国政府，并且美国政府同意，则第四条、第五条和第六条的程序将适用于这种安排。

第四条　船旗国责任

1. 美国政府应执行本条约和根据本条约颁发的许可证的规定。美国政府应采取必要步骤，确保美国的国民和渔船不在许可区和附件一禁止捕捞的水域进行捕捞，但根据第三条授权的情况除外。

2. 美国政府应太平洋岛屿一方政府的请求，采取一切合理措施，协助该方调查美国渔船违反本条约的指控，并迅速向该缔约方通报所要求的所有信息。

3. 美国政府应确保：

（1）根据本条约获得许可证的每艘美国渔船已投保所有风险和责任。

（2）采取一切措施促进：

（a）由美国渔船的活动引起的任何索赔，包括对未经本条约授权从许可区捕捞的任何鱼类的市场总价值提出的索赔，并迅速解决该索赔；

（b）在美国渔船活动引起的任何行动中，由太平洋岛屿国家国民或政府或其代表提供法律程序的服务；

（c）在美国对根据本条约提出的任何索赔中作出迅速和全面的裁决；

（d）迅速和充分地履行根据本条约作出的任何最终判决或其他最终裁定；

（e）如果经与美国政府协商后，所有太平洋岛屿缔约方同意收集根据本条约作出的任何民事或刑事判决或裁定已成为严重的强制执行问题，则提供合理水平的财政保证。

（3）相当于美国政府根据本条采取的任何司法或其他行动所产生的任何没收、罚款、处罚或其他金额总额的一笔费用，应在收取该费用后尽快支付给管理人。

4. 美国政府应太平洋岛屿缔约国政府的请求，对涉及美国船只的任何违反本条约的指控进行全面调查，并在切实可行的情况下，在两个月内尽快向该国政府报告调查情况以及美国政府就指控的违反行为采取或拟采取的任何行动。

5. 如果根据本条第4款提供的报告显示美国渔船存在以下情形，并且该船只尚未交由有关太平洋岛屿缔约方管辖，则美国政府应该缔约方的请求，应采取一切必要措施，确保有关船只立即离开根据附件一禁止捕捞的许可区和水域，除非是为了交由该缔约方管辖或美国政府采取了令该缔约方满意的行动，否则不得返回：

（1）除依照第三条第2款外，在没有相关许可证的情况下在许可区内捕鱼；或者

（2）涉及任何据称授权官员或观察员在履行本条约授权的职责时遭到人身攻击、人身威胁、强力抵制、拒绝登机或人身恐吓或人身干涉等事件。

或者有可能有理由相信美国渔船：

（3）除根据第三条第3款获得授权外，被用于在附件一禁止捕捞的水域进行捕鱼；

（4）被用于在附件一所述的任何有限区域内进行捕鱼，但按照附件一授权的情况除外；

（5）采用围网捕鱼法以外的任何其他方法捕鱼，但依照第三条第2款规定情况除外；

（6）曾用于直接捕捞南部蓝鳍金枪鱼或捕捞金枪鱼以外的任何种类的鱼，但其他种类的鱼可作为附带渔获物捕捞；

（7）使用附件二附表1所提供的与该船有关的表格上没有标明的飞机进行捕鱼；或者

（8）涉及本可用于有关船只的诉讼的证据被故意销毁的事件。

6. 如果根据本条第4款提交的报告显示美国渔船可能违反本条约，包括违反附件一中附表1所列的适用的国内法，但本条第5款所述的违反行

为除外，而且该渔船尚未交由太平洋岛屿缔约方管辖，则美国政府应该缔约方的请求，应采取一切必要措施，确保有关船只：

（1）接受该缔约方的管辖；或

（2）受到美国政府的惩罚，按照获准在美国专属经济区内进行捕鱼的外国船舶违反美国法律受到的类似处罚进行，但数额不超过25万美元。

7. 任何太平洋岛屿缔约方均可根据本条约提供财务保证，以履行有利于太平洋岛屿缔约方国民或政府的任何民事或刑事判决或其他裁定。

8. 在根据本条就太平洋岛屿缔约方为国际法承认的管辖水域内涉嫌违反本条约的行为提起任何法律诉讼之前，美国政府应通知该太平洋岛屿缔约方政府将提起此类诉讼。此类通知应包括一项陈述，说明被视为违反本条约的事实和拟议诉讼的性质，包括拟议的指控和拟提出的处罚。如果太平洋岛屿国家政府在此类通知生效之日起30天内提出异议，则美国政府不得提起此类诉讼。

9. 美国政府应确保根据本款第（1）和第（2）项的要求任命和维持代理人，授权其接收和回应太平洋岛屿缔约方就美国渔船经营人（在附件二附表1所列的表格中确定）发布的任何法律程序，并应通知管理人该代理人的姓名和地址。该代理人：

（1）应位于莫尔兹比港，以便接收和回应根据本条发出的任何法律程序；

（2）应在接到根据本条发出的法律程序通知后21天内免费前往任何太平洋岛屿缔约方，以接收和回应该程序。

第五条　合规性权力

1. 应认识到，各太平洋岛屿缔约方可在各自管辖水域内执行本条约和根据本条约颁发的许可证的规定，包括根据第三条第3款作出的安排和根据本条约颁发的许可证的规定。

2. 太平洋岛屿缔约国政府应按照本条的规定，将逮捕美国渔船或其任何船员的情况以及逮捕后提出的指控或提起的诉讼迅速通知美国政府。

3. 因违反本条约被捕的美国渔船及其船员，应在发布合理的保证或其他担保后立即获释。根据本条约对渔业违法行为实施的处罚，就该罪行而言不得是不合理的，也不得包括监禁或体罚。

4. 美国政府不应因太平洋岛屿缔约方根据本条采取任何强制措施而实

施任何种类的制裁，包括扣除本来可能支付给任何太平洋岛屿缔约方的任何数额的款项以及限制与任何太平洋岛屿缔约方的贸易。

5. 各缔约方政府应通过并通知其他缔约方本国法律中为实施本条约可能需要的规定。

6. 如果美国政府根据第四条提起法律诉讼，只要此类诉讼得以维持，太平洋岛屿任何一方就不得就同一指称的违反行为提起任何法律诉讼。如果美国政府根据第四条处以罚款或以其他方式结束诉讼，太平洋岛屿缔约方收到此种最终裁定通知后，应撤销对同一指称违反行为的任何法律指控或诉讼。

7. 在一方正在调查涉及美国渔船违反本条约的任何行为的任何期间内，即该违反行为据称是为任何目的发生在国际法承认的太平洋岛屿缔约方管辖范围的水域内，如果该太平洋岛屿缔约方通知其他缔约方，则依据第三条规定，就该船只颁发的任何许可证应被视为不授权在该太平洋岛屿缔约方的水域内进行捕鱼。

8. 如果因在太平洋岛屿缔约方管辖水域内发生的事件而产生的最终判决或其他最终裁定导致任何款项没有在 60 天内全额支付给该缔约方，则应该缔约方的请求，应暂停有关船只的许可证，在该款项支付给该缔约方之前，不得授权该船只在许可区内捕鱼。

第六条 协商和争端解决

1. 应任何一方的请求，应在收到请求之日起 60 天内与任何其他一方进行磋商。应将协商请求通知所有其他各方，并且任何缔约方均可获准参加此类协商。

2. 美国政府与一个或多个太平洋岛屿缔约方政府之间有关本条约或因本条约产生的任何争端，可由任何此类缔约方在根据第六条第 1 款提出协商请求后，在 120 天内提交仲裁法庭解决。除非争端各方另有协议，否则应使用现行的联合国国际贸易法委员会仲裁规则。

3. 涉及争端的太平洋岛屿一方或多方政府应指定一名仲裁员，同时美国政府应指定一名仲裁员。担任仲裁庭首席仲裁员的第三名仲裁员由争端各方协商任命。如未能在规则规定的期限内指定仲裁员，则仲裁员应由海牙常设仲裁法院的秘书长任命。

4.除非争端双方另有约定，否则仲裁地点应为莫尔兹比港。仲裁法庭可在其决定的太平洋岛屿缔约方领土内或太平洋岛屿区域其他地方举行会议。裁决或其他决定应为终局裁决，对仲裁各方具有约束力，除非各方另有约定，否则应予以公布。当事各方应立即执行仲裁法庭的任何裁决或其他决定。

5.除非仲裁各方另有协议，否则仲裁庭的费用和开支一半由涉及仲裁的太平洋岛屿一方或多方政府支付，另一半应由美国政府支付。

第七条 条约审查

各缔约方应每年举行一次会议，以审查本条约的实施情况。

第八条 条约修正案

本条约任何修正案的通过和生效适用下列程序：

（1）任何缔约方均可对本条约提出修正；

（2）拟议的修正案应在审议拟议修正案的会议召开之前至少45天内通知保管人；

（3）保管人应将此种提议迅速通知所有缔约方；

（4）缔约方应在第七条所述的年度会议上或在所有缔约方可能同意的任何其他时间审议对本条约提出的修正案；

（5）对本条约的任何修正应经所有缔约方批准通过，并应在保管人收到缔约方批准书、接受书或核准文书后生效；

（6）保管人应将修正案生效一事迅速通知所有缔约方。

第九条 附件的修正

除附件另有规定外，应提出修正案的缔约方的请求，下列程序适用于本条约附件任何修正案的通过和生效，以代替第八条规定的程序：

（1）任何缔约方可随时向保管人提出对本条约附件进行修正的提案，保管人应立即将修正提案通知所有缔约方；

（2）核准附件拟议修正案的缔约方应将其接受信息通知保管人，保管人应及时将每次接受情况通知所有缔约方。当保管人收到所有缔约方的接受通知后，该修正案应被纳入适当的附件，并自该日起生效，或自该修正案可能规定的其他日期起生效。保管人应将修正案的通过及其生效日期迅速通知所有缔约方。

第十条 通知

1. 管理人和每一缔约方应将其目前收到的根据本条约发出通知的地址通知保管人，保管人应将这些地址或任何更改通知管理人和每一缔约方。除非本文件另有规定，否则根据本条约发出的任何通知均应以书面形式发出，并可由专人送达或电传送达，或在任何一种方法不容易实现的情况下，通过挂号航空邮件的方式，邮寄至保管人目前所列的缔约方或管理人的地址。

2. 由专人送达的应在送达时生效。由电传送达的，应视为在发送方电传机上出现"答复"之后的次日起生效。挂号航空邮寄应视为在邮寄后21天内生效。

第十一条 保管人

本条约的保管人为巴布亚新几内亚政府。

第十二条 最后条款

1. 本条约应开放，供所有太平洋岛屿国家政府和美国政府签署。

2. 本条约须经本条第1款所述国家批准。批准书应交存保管人。

3. 本条约应保持开放，供本条第1款所指国家加入。加入书应交存保管人。

4. 本条约应自保管人收到美国政府和包括密克罗尼西亚联邦、基里巴斯共和国与巴布亚新几内亚在内的10个太平洋岛屿国家政府的批准书后生效。

5. 本条约应于保管人收到批准书或加入书之日起第30天对批准或加入本条约的任何国家生效。

6. 本条约在保管人收到美国、第十二条第4款提及的任何太平洋岛屿国家签署的退出文书后一年期满时失效，或者作为缔约国的此类太平洋岛屿国家数目少于10个时失效。

7. 本条约应在保管人收到一项表示该缔约方撤回或退出的文书后第6个月届满时对该缔约方不再生效，但如果本条约因收到上述文书而根据上一段不再生效，则本条约应按照上一段规定的方式对该缔约方不再生效。

8. 根据本条约生效的任何许可证，不得因本条约总体上或对任何一方不再有效而停止生效，第一、三、四、五条应视为在美国和太平洋岛屿缔约国之间就此种许可证继续有效，直至该许可证按照其条款到期为止。

9. 不得对本条约提出保留意见。

10. 本条第 9 款并不妨碍一国在签署、批准或加入本条约时作出声明或说明，但此种声明或说明不得试图排除或更改本条约条款适用于该国时的法律效力。

1987 年 4 月 2 日签订于莫尔兹比港。

附　件　一

第一部分　序　言

1. 在本附件中：

（1）"适用的国内法"是指太平洋岛屿缔约国管辖外方渔船捕捞活动的任何法律规定。该类法律是附表 1 中确定的法律，不违反本条约的要求，并应被视为排除任何强加了本条约所规定的要求的规定。

（2）"封闭区"是指附表 2 所述的太平洋岛屿缔约方的区域。

（3）"受限区域"指附表 3 所述的区域。

（4）"船只"指获发许可证的船只。

2. 可不时地修正附表 1，由任何太平洋岛屿缔约国纳入任何适用的国内法，并且为本条约的目的，除本段另有规定外，修正案应自将修正后的附表通知美国政府之日起生效。就第四条第 4 款和第 5 款规定的美国的任何义务而言，修正案应自将修正后的附表通知美国政府之日起 60 天内生效。太平洋岛屿缔约方政府应尽最大努力将修正案提前通知美国政府。

3. 本附件及其附表中的任何规定，以及根据本附件采取的行动或开展的活动，均不构成对任何一方就水域和区域的法律地位与范围提出的主张或立场的承认。在主张的水域和地区，航行和飞越自由以及与这些自由有关的海洋的其他用途应按照国际法行使。

第二部分　遵守适用的国家法律

4. 船舶经营人应当遵守每一项适用的国家法律，并对船舶及其船员遵守每一项适用的国家法律负责，按照这些法律操作船舶。

第三部分 禁　　令

5. 船舶不得直接用于捕捞南部蓝鳍金枪鱼，也不得用于捕捞金枪鱼以外的任何其他鱼类，但其他鱼类可作为附带渔获物捕捞。

6. 除围网法外，船舶不得以任何方式进行捕捞。

7. 在任何封闭区域内不得使用船舶进行捕捞。

8. 除涉及不可抗力的情况和涉及船员健康或安全或船舶安全的其他紧急情况外，除非在附件二附表1第6项或第7项中指明，否则不得使用与船舶捕捞活动有关的航空器。

9. 不得使用船舶在任何受限区域进行捕鱼，除非符合附表3所列的适用于该受限区域的规定。

第四部分 报　　告

10. 附表4第一部分所述的有关船只位置和船上渔获物的信息，应在下列时间通过电传方式提供给管理人：

（1）离开港口前往许可区开始捕鱼之前；

（2）每个星期三在许可区或封闭区内时；

（3）为卸载在许可区捕捞的鱼类而进入港口前。

11. 附表4第二部分所述的有关船舶位置和船上渔获物的信息，应按下述方式以太平洋岛屿各缔约方通知美国政府的方式提供给该缔约方：

（1）在为任何目的进入和离开受太平洋岛屿缔约方管辖的水域时；

（2）在距离进入该方任何港口的预算时间至少24小时之前；

（3）以附表4第三部分另外规定的方式。

12. 船舶进入许可区，在每一天结束时，应按照附表5所列捕捞报告表的要求填写当天的一项或多项记录，并应在下一次进入港口卸下渔获物之日起14天内，以挂号航空邮件的形式邮寄给管理人。

13. 在从船上卸下任何鱼类后，应立即按照附表6所列表格填写报告，并在卸载作业完成后14天内，或在转运卸下的情况下在加工现场卸下转运货物后14天内，以挂号航空邮件的方式邮寄给管理人。

第五部分 执 行

14. 船长和船上的每一名船员应立即遵守经太平洋岛屿缔约方授权和确定的官员发出的每一项指示和命令，包括停船，移至指定地点，提供便利以便安全登船和检查船只、渔具、设备、记录、鱼类与鱼类产品。此种登船和检查应尽可能以避免不适当地干扰船舶合法作业的方式进行。船舶经营人和每名船员应为太平洋岛屿缔约方授权官员的任何行动提供便利和协助，不得拒绝官员登船以及攻击、阻挠、抵制、拖延、恐吓或干扰授权官员履行职责。

15. 国际遇险呼叫频率 2.182 MHz 和 156.8 MHz（16 频道，VHF）应连续监测船舶，以便与各方监督和执行当局进行沟通。

16. 船舶的国际无线电呼号应在黑色背景上涂成白色，或在白色背景上涂成黑色，其方式如下：

（1）在船舷上缘正下方两侧的船舯以及船舶上层建筑水平面以上的部分，字母和数字相距 20 厘米，每个字母和数字至少有 1 米高、50 厘米宽，每条线至少有 12.5 厘米宽。

（2）如正在运载直升机，则在直升机的机身上，在从海平面清晰可见的地方，字母和数字相隔 5 厘米，每个字母和数字至少高 25 厘米，宽 10 厘米，每条线至少宽 2.5 厘米。

（3）在正常捕鱼作业期间，在由船舶运载并打算从船舶分离的任何其他设备上，以肉眼清晰可辨的字母和数字显示。

在船舶处于许可区或封闭区内的任何时候，这些标记的所有部分都应清楚、清晰和无遮盖。

17. 应在船上携带许可证，并应任何一方授权执行官员的要求出示许可证。在收到许可证之前，应正确引用许可证编号，以满足这一要求。

第六部分 观 察 员

18. 运营人和船上的每名船员应允许并协助由太平洋岛屿缔约方指定为观察员的任何人：

（1）在太平洋岛屿缔约方通知美国政府的时间和地点登上船只，履行科学研究、遵守、监测和其他职能。

（2）能够充分接触和使用观察员认为履行职责所必要的船上设施和设备；能够充分接触桥梁和船上的鱼类以及可用于存放、加工、称重与储存鱼类的区域；移走样品；充分查阅船舶记录，包括日志和文件，以便进行检查和复制；收集与许可区渔业有关的任何其他信息；不过度干扰船舶的合法运营。

（3）在太平洋岛屿缔约方通知美国政府的时间和地点上岸。

（4）安全履行职责。

船舶经营人或者船员不得拒绝观察员登船，不得殴打、阻挠、抗拒、拖延、恐吓或者干扰观察员履行职责。

19. 观察员在船上时，经营者应当向作为太平洋岛屿缔约方代表的观察员免费提供太平洋岛屿一方可以接受的合理标准的食物、住宿和医疗设施。

20. 船舶经营者如果从船上卸下任何在许可区内捕捞的鱼类，应允许或安排并协助太平洋岛屿缔约方为此目的授权的任何人完全进入任何卸下这些鱼类的地方，以取出样本，并收集与许可区内渔业有关的任何其他信息。

21. 观察员方案应根据本条约和可能不时商定的规定进行操作。

第七部分 其他规定

22. 在船舶处于封闭区域的任何时候，船舶的渔具都应以不易用于捕捞的方式存放。特别是，应尽可能降低吊杆，使船只不能用于捕鱼，但在紧急情况下可以使用小艇；直升机（如有的话）应系紧，汽艇应确保缚牢。

23. 船舶应以不会中断传统活动和对当地渔民与渔船的活动方式或任何其他产生不利影响的方式进行操作。

24. 根据本条约的要求需要进行记录、通知、沟通或报告的任何信息均应真实、完整和正确。如果情况发生变化，导致任何此类信息出现虚假、不完整或存在误导性，应立即通知管理人。

附表 1 适用的国内法律

在本条约生效时修正的下列法律和依照这些法律实施的具有法律效力的条例或其他文书，应被视为适用本条约的国内法。

澳大利亚

1981 年《南极海洋生物资源保护法》

1968 年《大陆架（生物自然资源）法》

《大陆架（生物自然资源）条例》

1952 年《渔业法》

《渔业条例》

1984 年《托雷斯海峡渔业法》

1980 年《鲸鱼保护法》

库克群岛

1951 年《库克群岛商业捕鱼条例》

1979 年《专属经济区（外国渔船）条例》

1976 年《渔业保护法》

1950 年《渔业条例》

1977 年《领海和专属经济区法》

密克罗尼西亚联邦

经第 2-28、2-31、3-9、3-10、3-34 和 3-80 号公法修正的《密克罗尼西亚联邦法典》第十八和第二十四条

斐济

1942 年《渔业法》

《渔业条例》（第一百三十五章）

《渔业规范》（第一百三十五章）

1978 年《海洋空间法》

1979 年《海洋空间（外国渔船）条例》

基里巴斯

1979 年《渔业条例》

1984 年《渔业（修正）法》

1983 年《海洋区域（申报）法》

马绍尔群岛

1978 年《海洋资源管辖权法》

1984 年《海洋区域（申报）法》

瑙鲁

1971 年《解释法》

1975 年《解释法》

1978 年《海洋资源法》

新西兰

1981 年《南极海洋生物资源法》

1984 年《大陆架法》

1978 年《专属经济区（外国渔船）条例》

1983 年《渔业法》

1978 年《海洋哺乳动物保护法》

1977 年《领海和专属经济法》

1977 年《托克劳（领海和专属经济区）法》

纽埃

1978 年《领海和专属经济区法》

帕劳

《帕劳国家法典》第二十七编

巴布亚新几内亚

《渔业法》（第二百一十四章）

《渔业规例》（第二百一十四章）

1984 年《渔业（托雷斯海峡保护区）法》

《金枪鱼资源管理（国家海洋）法》（第二百二十四章）

《捕鲸法》（第二百二十五章）

所罗门群岛

1978 年《海洋水域划界法》

1972 年《渔业法》

1977 年《渔业界限法》

1972 年《渔业条例》

1981 年《渔业（外国渔船）条例》

汤加

1973 年《渔业保护法》

1923 年《渔业管理法》

1979 年《捕鲸业（修正）法》

图瓦卢

《渔业法》（第四十五章）

1982 年《外国渔船条例》

1984 年《渔业（外国渔船）（修订）规例》

1983 年《海洋区域（申报）法》

瓦努阿图

1982 年《渔业法》

1983 年《渔业条例》

1981 年《海洋区域法》

西萨摩亚

1977 年《专属经济区法》

1972 年《渔业保护法》

1971 年《领海法》

附表 2 封 闭 区 域

澳大利亚

澳大利亚渔区（AFZ）海上边界内的所有水域，位于连接 AFZ 外部界限与南纬 25°30′ 的交点和东经 151° 与 AFZ 外部界限的交点的线以西，以及南纬 25°30′ 以南的所有水域。

库克群岛

领海。

密克罗尼西亚联邦

3 海里领海和 9 海里专属渔业区以及下列海图所示的所有指定的岸礁：

DMAHTC 81019 号（1945 年 3 月第二版，1972 年 7 月 17 日修订，通过 1978 年 6 月 21 日 NM 3 / 78 校正）。

DMAHTC 81023 号（1976 年 8 月 7 日第三版）。

DMAHTC 81002 号（1980 年 1 月 26 日第 4 版，通过 NM 4 / 80 校正）。

斐济

斐济的内水、群岛水与领海，罗图马岛及其属地。

基里巴斯

根据 1983 年《海洋区域宣言法》建立的群岛水域内的水域；从测量领海的基线量起 12 海里以内的水域；其位置应通过地理坐标给出的任何距离锚定鱼类聚集装置 2 海里范围内的水域。

马绍尔群岛

12 海里的领海和其位置应通过地理坐标给出的任何距离锚定鱼类聚集装置 2 海里范围内的水域。

瑙鲁

《1971 年瑙鲁解释法》第二节界定的领水。

新西兰

领水；距离领水外部边界 6 海里以内的水域；新西兰主要岛屿以西和南纬 39° 以南的所有水域；新西兰主要岛屿以东、南纬 40° 以南的所有水域；关于托克劳的水域，即距离所有岛屿和珊瑚礁基线 12 海里以内的区域，距离连接阿塔福、努昆布努和法卡奥福的线两边各 12.5 海里的区域，其坐标如下：

（1）阿塔福：南纬 8°35′10″，西经 172°29′30″

（2）努库诺努：南纬 9°6′25″，西经 171°52′10″

　　　　　　　南纬 9°11′30″，西经 171°47′00″

（3）法卡奥福：南纬 9°22′30″，西经 171°6′30″

纽埃

领海以及 NZ 225F（根据 1978 年《纽埃领海和专属经济区法》显示纽埃领海和专属经济区的图表）上用适当符号表示的 Beveridge 礁、Antiope 礁和 Hanan 礁 3 海里内的区域。

帕劳

帕劳群岛所有岛屿基线 12 海里范围以内；在从马拉卡港入口（北纬 7°16′44″，东经 134°28′18″）测量的 50 海里弧度范围内，从弧线与领海界限相交的地方一直延伸至 Babelthuap 岛东北部，至 Angaur 岛西南的东经 134°，然后沿东经 134° 向北延伸至与领海界限相交。

巴布亚新几内亚

除领海和内水外，在下列纬线和经线范围内的区域：从南纬 0°30′ 至南纬 3°30′，从东经 149° 至东经 153°。

所罗门群岛

所罗门群岛渔业界限以内的所有水域（包括内水、领海和群岛水域），但下列线以东和以北的渔业界限部分除外：

从东经 161°、南纬 4°20′ 开始，然后沿 161° 向南延伸至南纬 6°30′，然后向东延伸至东经 165°，再向南延伸至南纬 8°，然后向东延伸至东经 169°55′。

汤加

在南纬 15° 和 23.5° 以及西经 173° 和 177° 的范围内，所有深度不超过 1 000 米的水域；在距离 Teleki 汤加和 Teleki 托克劳群岛 12 海里半径范围内的水域。

图瓦卢

领海和图瓦卢专属经济区内所有指定河岸两海里以内的水域，即 1981 年 1 月 11 日英国水文部编制的《图瓦卢渔业界限》的图表中描绘的 Macaw、Kosciusko、Rose、Bayonnaise 和 Hera。

瓦努阿图

群岛水域和领海以及内水。

西萨摩亚

领海；在西萨摩亚渔业管辖范围内以下列平行线和子午线为界限的珊瑚礁、堤岸和区域：

（1）从南纬 12°58′ 至南纬 13°11.5′ 以及从西经 174°5.5′ 至西经 174°26′。

（2）从南纬 12°12′ 至南纬 12°38.5′ 以及从西经 173°47′ 至西经 174°25′。

（3）从南纬 13°7′ 至南纬 13°19′ 以及从西经 172°59′ 至西经 173°38.5′。

（4）从南纬 14°51′ 至南纬 15°3.4′ 以及从东经 172°10.7′ 至西经 172°19.1′。

（5）南纬 14°20.5′ 至南纬 14°28′ 以及从西经 171°8′ 至西经 171°17′。

还包括在专属经济区内其位置应通过地理坐标给出的任何距离锚定鱼类聚集装置两海里范围内的区域。

注：只有属于本条约缔约方的太平洋岛屿国家的上述封闭区才适用本

条约的条款。

附表 3　受 限 区 域

所罗门群岛

1. 所罗门群岛受限区域是所罗门群岛 1977 年《渔业界限法》中描述的所罗门群岛渔业界限范围内的所有许可区。

2. "捕鱼日"是指在所罗门群岛受限区域可以使用船只捕鱼的一周中的任何一天或一天中的部分时间。

3. 自任何许可期在任何特定年份生效之日起算第 500 个捕鱼日届满后，不得在所罗门群岛的受限区域进行捕鱼。

附表 4　报告的详情

第一部分　许可区域向管理人报告

1. 进出境港口卸货

（1）报告类型（LBEG 为出港开始捕捞，LFIN 为进港卸货）

（2）日期

（3）呼号

（4）港口名称

（5）按品种（短吨）计的船上渔获量

例如：LBEG（或 LFIN）/ 日期 / 呼号 / 港口 /SJ xxx YF yyy OTH zzz

2. 每周报告

（1）报表类型（周）

（2）日期

（3）呼号

（4）位置（到圆弧的 1 分钟）

（5）按品种计的船上渔获量

例如：周 / 日期 / 呼号 / LA 1111 / LO 11111 / SJ xxx YF yyy OTH zzz

第二部分 向国家当局提交的报告

1. 区域出入境

(1) 报告类型（ZENT 代表进入，ZEXT 代表退出）

(2) 日期

(3) 呼号

(4) 位置（至圆弧的 1 分钟）

(5) 按品种计的船上渔获量

例如：ZENT（或 ZEXT）/ 日期 / 呼号 / 时间 / LA 1111/LO 11111 / SJ xxx YF yyy OTH zzz

2. 港口入境报告

(1) 报告类型（PENT）

(2) 日期

(3) 呼号

(4) 预计进港时间（GMT）

(5) 港口名称

例如：PENT / 日期 / 呼号 / 时间 / 港口名称

第三部分 其他国家报告的要求

1. 澳大利亚

(1) 在澳大利亚捕鱼区内每两天报告一次位置。

(2) 若打算进入澳大利亚捕鱼区，24 小时内发出通知。

(3) 在澳大利亚捕鱼区内每 6 天报告一次按鱼种分列的渔获量。

2. 斐济

(1) 在斐济渔业水域内，每日报告船舶的名称、呼号、注册国及其在指定时间的位置。

(2) 在斐济渔业水域内，每周按鱼种报告渔获量。

3. 基里巴斯

在基里巴斯专属经济区期间，报告进出禁区的情况。

4. 新西兰

(1) 在新西兰专属经济区内，每日报告中午时的位置，至迟于次日中午收到。

（2）进入新西兰专属经济区时报告船上的渔获量。

（3）每周报告在新西兰专属经济区内获得的渔获量，所涉时间为周一的 0 时至下周日的 24 时，于下周二中午之前收到。

（4）若打算进入新西兰专属经济区，24 小时内发出通知。

5. 所罗门群岛

关于以下方面的报告：

（1）在进入所罗门群岛渔业界限之前至少 24 小时预计的船舶位置、入境日期和时间。

（2）进出所罗门群岛的受限区域以及按重量和体积计算的船上的渔获量。

（3）在所罗门群岛专属经济区内获取的渔获量和捕鱼日期的每周报告，所涉时间为周一的 0 时至下周日的 24 时，于下周二中午之前收到。

6. 汤加

在汤加专属经济区的期间，每日通过广播或电传报告情况。

7. 图瓦卢

在进入图瓦卢渔业界限之前至少 24 小时报告：

（1）船舶的名称、呼号和注册国；

（2）许可证编号；

（3）入境位置；

（4）按品种计的渔获量。

附表 5（略）

（原文为表格形式，不清晰——译者注。）

附表 6　围网捕捞卸货记录表

船名_____　无线电信号或者注册编码_____

1. 港口_____

或者，如果在海上，则位置为：经度_____　纬度_____

2. 日期

（1）在卸货点

到达_____　离开_____

（2）卸货时

开始_____　完成_____

3. 卸载部分或者全部货物_____

4. 将货卸到_____

5. （1）承运船名_____

无线电信号或者注册编码_____或者

（2）收货公司的名称和地址_____

6. 捕捞目的地_____

7. 卸载数量

　　　　　黄鳍　　鲣鱼　　大眼鲷　　马林鱼　　其他　　计量单位

可接受的：_____　_____　_____　_____　_____　_____

拒绝的：　_____　_____　_____　_____　_____　_____

签名

　　_____　　　_____

　　　　　船名　　　　　　　　　　接收单位

附　件　二

1. 为本附件的目的：

"许可期限"是指根据本条约颁发的许可证的有效期。

2. 美国政府应在许可期内的任何时候，向管理人提供附表1所列的完整申请表，就经营人拟在许可区内使用的任何美国渔船申请许可证。

3. 在管理人以附表2所列方式收到附表2第1部分规定的许可证期限内的款项之前，根据本条约颁发的许可证不得生效，并不得收取任何费用。其他的财政义务应根据附表2第2部分在许可期限内提供。

4. 除第5款另有规定外，如果存在以下情况，可拒绝签发许可证：

（1）申请不符合第2款的要求。

（2）如果业主或租船人是根据美国破产法提起诉讼的对象，除非已向管理人提供合理的财务保证。

（3）已申请许可证的船舶在南太平洋论坛渔业局提供的外国渔船区域登记册上没有良好信誉，但条件是：

（a）只有在下列情况下，才能撤回渔船的良好信誉——

①犯有严重违反太平洋岛屿国家渔业法律或条例的罪行，而且经营者没有完全遵守就此种罪行作出的任何民事或刑事判决；

②存在使人有合理理由相信该经营者严重违反了太平洋岛屿国家的渔业法律或条例而且无法对该船舶经营者进行审判的现有证据；或者

③船舶经营人没有遵守管理人向美国政府通报的登记资料要求。

（b）要求撤回良好信誉的太平洋岛屿缔约方，在启用撤回信誉程序之前，应先与美国政府协商，并尽一切合理努力解决有关争议。

（c）如果根据本条约领有许可证的船舶要求从外国渔船区域登记册中撤回良好信誉，则太平洋岛屿缔约方同意在决定是否批准这一要求时应考虑该船舶遵守本条约条款的情况。

（d）在撤回良好信誉后，有关的太平洋岛屿缔约方应立即书面通知美国政府，说明撤回良好信誉的理由和恢复良好信誉所必须满足的要求。

（4）申请许可证时，如果船舶的船东、租船人或船长未能履行就违反本条约的行为作出的最终判决或其他最终裁定，则直至最终判决或其他最终裁定获得满足为止，并且船舶所有权的变更不得影响本条文的适用。或者

（5）如果经营人实施了以下行为或船只被用于以下情形：

（a）违反本条约，并且太平洋岛屿缔约方在与美国政府协商后，认定这种违反行为性质严重；或者

(b) 多次违反本条约，并且太平洋岛屿缔约方在与联合王国政府协商后，认定这种多重违反构成对本条约的严重漠视。

5. 根据附表 2，在任何许可期限内可发放最多数量的许可证，并应美国政府的要求，太平洋岛屿缔约方可同意更改这一数量。

6. 对符合本附件附表 3 所列格式的许可证，管理人应采取必要措施确保：

（1）为申请书所指明的船舶颁发的许可证符合附表 3 所列的格式；或者

（2）列明申请书中所指明船舶的许可证遭拒签的理由以及退还申请所提供的一笔或多笔款额；

以上情况应迅速提供给美国政府。

附表 1　若干太平洋岛屿国家政府和美国政府渔业条约申请表

此申请表用于申请授权在许可区使用渔船进行捕鱼作业的许可证。

1. 船舶全称：_____

2. 船舶无线电呼号：_____

3. 船舶区域登记编号：_____

4. 船舶所有者、租船人、船长或其他人的姓名和地址，如果是其他人，则说明详细信息：_____

_____

_____

5. 为条约第四条第 3 款第（1）项的目的，投保人的全称和地址：

_____

6. 船舶上所载直升机的登记号码和型号（如果有）：

_____

7. 与捕鱼活动有关的任何飞机的注册号和制造以及经营人的姓名与地址：

_____

8. 说明业主或租船人是否为美国破产法所规定的诉讼主体：

_____

9.说明经营者或船舶是否参与了违反本条约的行为,如果是,请说明详细信息:_____
_____

————————————　　　　————————————————
　　申请日期　　　　　　西南地区国家海洋渔业局以及国家
　　　　　　　　　　　　海洋和大气管理局局长

附表 2　费　　用

根据附件二第 3 款的规定,每年应支付下列款项,为期 5 年。

第 一 部 分

1. 本款规定的应付金额

(1)年度行业费用如下:

(a)在第一个年度许可期内,一次性为 35 艘船支付 175 万美元,随后的 5 个许可证将按照与前面 35 个许可证相同的比例支付,另外附加的 10 个许可证将以每艘船 6 万美元的价格支付;

(b)在随后的年度许可期内,40 个船舶许可证按照与(a)项中前 40 个船舶许可证相同的方法进行计算,并按下文所列鱼类价格指数计算,另外附加的 10 个许可证将按每艘船舶 6 万美元的价格支付,并按下文所列鱼类价格指数计算。

(2)指数确定如下:

(a)定义

①基本船舶费用:被许可的前 40 艘船舶的基本船舶费用为 5 万美元,超过 40 艘的按照 6 万美元。

②调整后的个别船舶费用:调整后的个别船舶费用是指第一个年度许可期后每个年度许可期的个别船舶费用。经调整的单船费用将在计算后适用于许可期。

③上岸价格:上岸价格是指美国围网渔船到港卸货时,美国金枪鱼销

售协会公布的运往美属萨摩亚的鱼类的标准价格。

④平均上岸价格：平均上岸价格是根据美属萨摩亚黄鳍金枪鱼和鲣鱼既定的上岸价格类别平均计算的。使用的落地价格类别是：对于鲣鱼，超过 7.5 磅，4 至 7.5 磅以及 3 至 4 磅；对于黄鳍金枪鱼，超过 20 磅，7.5 至 20 磅以及 4 至 7.5 磅。

⑤基价：基价为条约生效前 3 个月的平均上岸价格。

⑥预计上岸值：预计上岸值是船只上岸时的平均上岸价格，以黄鳍金枪鱼/鲣鱼混合比加权，根据附表 6 中有关该船只的信息进行计算。

⑦平均预计上岸值：平均预计上岸值适用许可期最后一个季度，以前 4 个季度美国围网渔船在美属萨摩亚所有上岸的预计上岸值除以同期这些上岸的总数。

（b）指标因素的计算与应用

①要获得计算调整后的单船费用的指数系数，应将前 4 个季度的平均预计上岸值除以基价。

②要获得调整后的单船费用，应将基础船舶费用乘以第（b）项第①段中获得的指数系数。

③在任何情况下，调整后的个别船只费用不得少于基本船只费用。

（c）通知

既定价格和任何变更应由美国政府在公布后的 10 天内提供给管理人。管理人应在每个许可期开始前 60 天内将调整后的个人船舶费用以及用于计算调整后的个人船舶费用的计算结果通知美国政府。调整后的个人船舶费用应在美国政府收到后 30 天内成为最终费用，除非美国政府另有通知，而在这种情况下应进行协商。

（d）磋商

如果已确定的价格类别被修订，或者金枪鱼产业结构发生变化，使得上述价格计算不再合适，则管理人可在必要时与美国政府代表磋商，以修订该公式。

（3）基本船只费用或调整后的个别船只费用不得按比例分摊。根据附件二颁发许可证后，基本船只费用或调整后的个人船只费用不得退款。

2. 应根据南太平洋论坛渔业局和美国政府之间的有关协定支付款项。

第 二 部 分

3. 美国金枪鱼业应管理人协调提出的要求，每年提供价值 25 万美元的技术援助，包括由技术人员提供援助。

附表 3　若干太平洋岛屿国家政府和美国政府渔业条约许可证表

兹授权本许可证所述船只按照附件一所述条款和条件，在本许可证所述期间内在许可区内从事捕捞活动。

1. 船舶全称：_____
2. 船舶无线电呼号：_____
3. 船舶区域登记编号：_____
4. 可能与船舶捕捞活动有关的直升机或其他飞机：_____

有效期：

本许可证有效期不超过一年：

　　　　从_____，19_____
　　　　到_____，19_____

_____
太平洋岛屿缔约方代表

发证日期：_____
许可证编号：_____
警告：
违反附件一的要求，即违反包括美国在内的许多国家的法律。
处罚可能包括巨额罚款和没收船只。

禁止危害海上航行安全非法行为公约*
（1988年3月10日）

本《公约》缔约国，

铭记《联合国宪章》关于维护国际和平与安全以及促进各国友好关系和合作的宗旨与原则，

特别认识到人人享有《世界人权宣言》和《公民权利和政治权利国际公约》规定的生命权、自由权和人身安全权，

深切关注一切形式的恐怖主义行为在世界范围内升级，危及或夺走无辜生命，危害基本自由，严重损害人的尊严，

认为危害海上航行安全的非法行为危害人身和财产安全，严重影响海上服务的运作，并损害世界各国人民对海上航行安全的信心，

考虑到发生这种行为是整个国际社会严重关切的问题，

深信迫切需要发展国家之间的国际合作，以制定和采取切实有效的措施，防止一切危害航海安全的非法行为，并起诉和惩罚肇事者，

回顾联合国大会1985年12月9日第40/61号决议，其中除其他外，"敦促所有国家单方面并与其他国家以及联合国有关机关合作，为逐步消除国际恐怖主义的根源作出贡献，并特别注意一切可能引起国际恐怖主义和危害国际和平与安全的情况，包括殖民主义、种族主义和大规模公然侵犯人权与基本自由的情况以及涉及外国占领的情况"，

进一步回顾第40/61号决议，"明确谴责一切恐怖主义行为、方法和做法，包括危害国家之间友好关系及其安全的行为、方法和做法，不论在何处发生，也不论由何人所为，均为犯罪行为"，

又回顾第40/61号决议，邀请国际海事组织"研究船上恐怖主义问题或针对船舶的问题，以便就适当措施提出建议"，

考虑到国际海事组织大会1985年11月20日第A.584（14）号决议，其中呼吁制定措施，以防止危及船舶安全及其乘客和船员安全的非法行为，

注意到受正常船舶纪律约束的船员行为不属于本《公约》的管辖范围，

---

* 国际海事组织（IMO）1988年3月10日的SUA/CONF/15/Rev.1文件。

确认监测有关防止和控制针对船舶与船上人员的非法行为的规则以及标准的可取性，以便在必要时进行更新，并在此基础上，根据国际海事组织海事安全委员会的建议，对防止对船上乘客和船员实施非法行为的措施给予重视，

进一步申明本《公约》未规定的事项仍将受一般国际法规则和原则的管辖，

认识到各国在打击危害海上航行安全的非法行为时都必须严格遵守一般国际法的规则和原则，

达成如下共识：

第一条

在本《公约》中，"船舶"是指非永久性附着在海床上的任何类型的船舶，包括动力船舶、潜水器或任何其他浮动船舶。

第二条

1. 本《公约》不适用于：

（1）军舰；或者

（2）由国家拥有或经营且被用于辅助海军或海关稽查或警方巡查的船舶；或者

（3）已退出航行或搁置的船舶。

2. 本《公约》的任何规定概不影响为非商业目的运营的军舰和其他政府船舶的豁免。

第三条

1. 任何人如果非法和故意实施以下行为，则构成犯罪：

（1）以武力或武力威胁或任何其他形式的恐吓夺取或控制船舶；或者

（2）对船上的人员实施暴力行为，如果该行为可能危及该船的安全航行；或者

（3）毁坏船舶或对船舶或其货物造成损害，并可能危及该船舶的安全航行；或者

（4）以任何方式在船舶上放置或安排放置可能摧毁该船舶的设备或物质，或对该船舶或其货物造成损害，危及或可能危及该船舶的安全航行；或者

（5）破坏或严重损坏海上航行设施，或严重干扰其运作，如果这种行为可能危及船舶的安全航行；或者

（6）传达明知虚假的资料，以致危及船舶的安全航行；或者

（7）因犯下或企图犯下第（1）至第（6）项所列的任何罪行而伤害或杀害任何人。

2. 任何人如果存在以下情况，同样构成犯罪：

（1）企图实施第1款所列的任何罪行；或者

（2）教唆任何人实施第1款所列的任何罪行，或以其他方式成为犯下这种罪行的人的共犯；或者

（3）根据国内法的规定，无论是否有条件，威胁实施第1款第（2）、（3）和（5）项规定的任何犯罪，以迫使自然人或法人采取或不采取任何行动，并且这种威胁可能危及有关船舶的安全航行。

第四条 *

1. 本《公约》适用于船舶在某一国家领海外部界限以外的水域或与邻国领海横向界限以外的水域航预定航行、通过或离开的情况。

2. 在《公约》第1款本不适用的情况下，如果罪犯或被指控的罪犯在第1款所述国家以外的缔约国境内被发现，则本《公约》仍然适用。

第五条

各缔约国均应根据第三条所列罪行的严重程度，对这些罪行处以适当的惩罚。

第六条

1. 各缔约国应采取必要措施，确立对下列情况下第三条所列罪行的管辖权：

（1）在犯罪时针对悬挂该国国旗的船舶或在船上；或者

（2）在该国境内，包括领海；或者

（3）由该国国民所犯。

---

* 本条应结合《制止危及海上航行安全非法行为国际会议最后文件》第23段理解，该段内容如下："23. 关于《制止危及海上航行安全非法行为公约》第4条，一些代表团赞成在第4条第1款中列入用于国际航行的海峡。其他代表团指出，没有必要将其列入，因为在这种海峡航行是第4条第1款所设想的情况之一。因此，该公约将适用于用于国际航行的海峡，但不影响按照有关公约和其他国际法规则形成这种海峡的水域的法律地位。"

2. 在下列情况下，缔约国也可确立对任何此类罪行的管辖权：

（1）由惯常居住在该国的无国籍人实施；或者

（2）在罪行实施过程中，该国国民遭到扣押、威胁、伤害或杀害；或者

（3）企图迫使该国采取或不采取任何行动。

3. 已确定第2款所述管辖权的任何缔约国，应当通知国际海事组织秘书长（以下简称"秘书长"）。如果该缔约国随后撤销该管辖权，则应同样通知秘书长。

4. 每一缔约国应采取必要措施，在犯罪嫌疑人在本国境内且不将其引渡到根据本条第1款和第2款确立管辖权的任何缔约国的情况下，确立对第三条所列罪行的管辖权。

5. 本《公约》不排除根据国内法行使的任何刑事管辖权。

第七条

1. 在确信情况有此必要时，犯罪人或被指控犯罪人所在的任何缔约国应根据本国法律拘留犯罪人或被指控犯罪人，或采取其他措施，确保其在必要的时间内能够在场，以便启动任何刑事或引渡程序。

2. 该国应根据本国立法，立即对事实进行初步调查。

3. 凡对其采取第1款所述措施的任何人有权：

（1）毫不迟延地与国家最适宜的代表进行联系，该代表是本国国民或有权建立这种联系，如果该代表是无国籍人士，则与他惯常居住地的国家联系；

（2）由该国的代表进行访问。

4. 第3款所称权利的行使，应当符合犯罪人或者被指控犯罪人所在国家的法律、法规，但该法律、法规必须能够充分实现第3款所赋予权利的目的。

5. 缔约国根据本条将某人拘留后，应立即将此人被拘留的事实和拘留的理由通知根据第六条第1款确立管辖权的国家，并酌情通知任何其他有关的国家。作出本条第2款所述初步调查的国家应迅速向上述国家报告调查结果，并应表明是否打算行使管辖权。

第八条

1. 缔约国（"船旗国"）船舶的船长可将他有合理理由认为犯有第三条所列罪行之一的任何人送交任何其他缔约国（"接收国"）当局。

2. 船旗国应确保其船舶的船长有义务在切实可行的情况下，并在可能

的情况下，在进入接收国领海之前，将按照第 1 款交付任何人的打算以及理由通知接收国当局。

3. 接收国应接受交付，除非它有理由认为本《公约》不适用于导致该交付的行为，并应按照第七条的规定行事。拒绝接受交付的，应当附有拒绝的理由说明。

4. 船旗国应确保其船舶的船长有义务向接收国当局提供船长掌握的与被指控的罪行有关的证据。

5. 根据第 3 款接受交付人员的接收国可反过来要求船旗国接受该人的交付。船旗国应考虑任何此类请求，如果接受请求，则应按照第 7 条行事。船旗国如果拒绝请求，则应向接收国说明理由。

第九条

本《公约》的任何规定均不得以任何方式影响有关国家对不悬挂本国国旗的船舶行使调查或执行管辖权的国际法规则。

第十条

1. 在其领土内发现罪犯或被指控罪犯的缔约国，在适用第六条的情况下，如果不引渡罪犯，则无论罪行是否在其领土内发生，都有义务毫不例外地通过符合该国法律的诉讼程序，并毫不迟疑地将案件提交给该国当局进行起诉。这些当局应以与处理该国法律规定的任何其他严重罪行相同的方式作出决定。

2. 对于凡因第三条所列任何罪行而接受诉讼的人，应在诉讼的所有阶段保证其得到公平待遇，包括享有其所在国法律为此类诉讼规定的所有权利和保障。

第十一条

1. 第三条所列罪行应被视为任何缔约国之间存在的任何引渡条约中的可引渡罪行。缔约国承诺将此类罪行作为可引渡的罪行列入它们之间缔结的每一项引渡条约中。

2. 如果以订有条约为引渡条件的缔约国接到与其没有签到引渡条约的另一缔约国的引渡请求，则被请求的缔约国可以自行选择将本《公约》视为就第三条所述事项进行引渡的法律依据。引渡应符合被请求缔约国法律规定的其他条件。

3. 不以订有条约为引渡条件的缔约国应承认第三条所列罪行为彼此之间可引渡的罪行，但须符合被请求国法律规定的条件。

4. 如有必要，为缔约国之间引渡的目的，第三条所列罪行应视为不仅是在事发地而且是在请求引渡的缔约国管辖范围内发生的罪行。

5. 缔约国如果收到根据第七条确立管辖权并决定不起诉的国家提出的不止一项的引渡请求，在选择将罪犯或被指控罪犯引渡过去的国家时，应适当考虑到实施犯罪时该船所悬挂旗帜的缔约国的利益和责任。

6. 在审议根据本《公约》提出的引渡被指控罪犯的请求时，被请求国应适当考虑第七条第3款所规定的权利能否在请求国实施。

7. 关于本《公约》所界定的犯罪，缔约国之间适用的所有引渡条约和安排的规定，如与本《公约》不相符，则应在缔约国之间加以修改。

第十二条

1. 各缔约国应在对第三条所列罪行提出的刑事诉讼中相互提供最大程度的协助，包括协助取得其掌握的诉讼所需的证据。

2. 缔约国应按照它们之间可能存在的任何互助条约履行第1款规定的义务。在没有此类条约的情况下，缔约国应根据本国法律相互提供援助。

第十三条

1. 缔约国应合作预防第三条所列罪行，特别是：

（1）采取一切切实可行的措施，防止在各自领土内为在本国境内或境外实施这些罪行做准备；

（2）根据本国法律交换情报，并协调为防止第三条所列罪行而酌情采取的行政和其他措施。

2. 如果由于犯有第三条所述罪行而使船舶的通行被延误或中断，则船舶或乘客或船员所在的任何缔约国都有义务尽一切可能避免船舶、其乘客、船员或货物被不适当地扣留或延误。

第十四条

任何有理由认为将实施第三条所列罪行的缔约国，应根据本国法律，尽快向它认为将是根据第六条确立管辖权的国家提供它所掌握的任何有关资料。

第十五条

1. 各缔约国应根据本国法律，尽快向秘书长提供其掌握的有关下列方面的任何资料：

（1）犯罪情节；

（2）根据第十三条第2款采取的行动；

（3）对罪犯或被指控的罪犯采取的措施，特别是任何引渡程序或其他法律程序的结果。

2. 起诉被指控的罪犯的缔约国应根据本国法律向秘书长通报诉讼的最后结果。

3. 按照第1款和第2款递送的情报应由秘书长传达给所有缔约国、国际海事组织（以下简称"该组织"）成员、其他有关国家和适当的国际政府间组织。

第十六条

1. 存在于两个或两个以上缔约国之间关于本《公约》的解释或适用的任何争议，如不能在合理时间内通过谈判解决，应根据其中一方的请求提交仲裁。如果自提出仲裁请求之日起6个月内当事各方未能就仲裁安排达成协议，则其中任何一方均可根据《联合国宪章》的规定，请求将争议提交国际法院。

2. 每个国家在签署或认可、接受或核准本《公约》或加入本《公约》时，均可声明不受第1款任何或所有规定的约束。其他缔约国不受作出此种保留的任何缔约国的规定的约束。

3. 根据第2款作出保留的任何国家可随时通知秘书长撤回该项保留。

第十七条

1. 本《公约》将于1988年3月10日在罗马开放，供参加"制止危及海上航行安全的非法行为国际会议"的国家签署，并于1988年3月14日至1989年3月9日在本组织总部开放，供所有国家签署，此后将继续开放供成员加入。

2. 各国可通过以下方式表示同意接受本《公约》的约束：

（1）对批准、接受或核准无保留地签署；或者

（2）须经批准、接受或核准地签署，之后批准、接受或核准；或者

（3）加入。

3. 批准、接受、核准或加入应在交存于秘书长后生效。

第十八条

1. 本《公约》应自 15 个国家在批准、接受或核准方面无保留地签署或交存有关批准、接受、核准或加入文书之日起 90 天后生效。

2. 对于在本《公约》生效条件满足后交存有关本《公约》批准书、接受书、核准书或加入书的国家，其批准书、接受书、核准书或加入书应自交存之日起 90 天后生效。

第十九条

1. 任何缔约国可在本《公约》对该国生效之日起满一年后随时退出本《公约》。

2. 退约应以向秘书长交存退约书而生效。

3. 退约应在秘书长收到退约书后一年或退约书中规定的更长期限内生效。

第二十条

1. 本组织可召开修订或修正本《公约》的会议。

2. 秘书长可应三分之一缔约国或 10 个缔约国（以数字较高者为准）的请求，召开本《公约》缔约国会议，以修订或修正本《公约》。

3. 在本《公约》修正案生效后交存的任何批准书、接受书、核准书或加入书应视为适用于经修正的公约。

第二十一条

1. 本《公约》应交存于秘书长。

2. 秘书长应：

（1）向所有已签署或加入本《公约》的国家和本组织的所有成员国通报：

（a）每次新签署或交存的批准、接受、核准或加入文书及其日期；

（b）本《公约》的生效日期；

（c）任何退出本《公约》的文书的交存情况，以及收到退约文书的日期和退出生效的日期；

（d）收到的根据本《公约》作出的任何声明或通知。

（2）向已签署或加入本《公约》的所有国家转交经核证的本《公约》的

真实副本。

3. 本《公约》一经生效，保管人应按照《联合国宪章》第一百〇二条将其核证无误的副本送交联合国秘书长进行登记和公布。

第二十二条

本《公约》以阿拉伯文、中文、英文、法文、俄文和西班牙文各制成一份原件，各文本具有同等效力。

下列签署人经各自政府为此目的正式授权在本《公约》上签字，以昭信守。

1988 年 3 月 10 日签订于罗马。

禁止危及大陆架固定平台安全非法行为议定书
（1988 年 3 月 10 日）

本议定书缔约国，

作为《禁止危害海上航行安全非法行为公约》的缔约国，

认识到拟订该《公约》的理由同样适用于大陆架上的固定平台，

考虑到该《公约》的规定，

申明本议定书未予以规定的事项继续受一般国际法规则和原则的管辖，

同意如下：

第一条

1.《禁止危及海上航行安全非法行为公约》（以下简称《公约》）第五条和第七条以及第十条至第十六条的规定应比照适用于本议定书第二条所列的犯罪行为。这些犯罪行为发生在大陆架上或固定平台上。

2. 在根据第 1 款本议定书不适用的情况下，如果罪犯或被指控的罪犯位于除固定平台所在的内水或领海以外的缔约国领土上，则该议定书仍然适用。

3. 在本议定书中，"固定平台"是指为勘探或开发资源或为其他经济目的而永久附着在海床上的人工岛、设施或结构。

第二条

1. 任何人如果非法和故意实施以下行为，则构成犯罪：

（1）以武力或武力威胁或任何其他形式的恐吓夺取或控制固定平台；或者

（2）对固定平台上的人员实施暴力行为，如果该行为可能危及平台安全；或者

（3）毁坏固定平台或对固定平台造成损坏，以致可能危及其安全；或者

（4）以任何方式将可能摧毁固定平台或可能危及其安全的装置或物质放置或安排放置在该固定平台上；或

（5）因实施或企图实施第（1）至第（4）项所列任何罪行而伤害或杀害任何人。

2. 任何人如果存在以下情况同样构成犯罪：

（1）企图犯下第1款所列的任何罪行；或者

（2）教唆任何人犯下任何此类罪行，或者成为犯下此类罪行的人的共犯；或者

（3）根据国内法的规定，无论是否有条件，威胁实施第1款第（2）、（3）和（5）项规定的任何犯罪，以迫使自然人或法人采取或不采取任何行动，并且这种威胁可能危及固定平台的安全。

第三条

1. 各缔约国均应采取必要措施，在下列情况的犯罪行为发生时确立其对第二条所列罪行的管辖权：

（1）在位于该国大陆架的固定平台上或针对该平台；或者

（2）由该国国民所犯。

2. 在下列情况下，缔约国同样可确立对任何此类罪行的管辖权：

（1）由惯常居住在该国的无国籍人士实施；

（2）在罪行实施过程中，该国国民遭到扣押、威胁、伤害或杀害；或者

（3）企图迫使该国采取或不采取任何行动。

3. 已确立第2款所述管辖权的任何缔约国，应当通知国际海事组织秘书长（以下简称"秘书长"）。如果该缔约国随后撤销该管辖权，则应同样

通知秘书长。

4. 每一缔约国应采取必要措施，在被指控的罪犯在本国境内且不将其引渡到根据本条第 1 款和第 2 款确立管辖权的任何缔约国的情况下，确立对第二条所列罪行的管辖权。

5. 本议定书不排除根据国内法行使的任何刑事管辖权。

第四条

本议定书的任何规定均不得以任何方式影响有关大陆架固定平台的国际法规则。

第五条

1. 本议定书将于 1988 年 3 月 10 日在罗马和 1988 年 3 月 14 日至 1989 年 3 月 9 日在国际海事组织（下称"该组织"）总部开放，供签署本议定书的任何国家签署，此后将开放供成员加入。

2. 各国可通过以下方式表示同意接受本议定书的约束：

（1）对批准、接受或核准无保留地签署；或者

（2）须经批准、接受或核准地签署，之后批准、接受或核准；或者

（3）加入。

3. 批准、接受、核准或加入应在交存于秘书长后生效。

第六条

1. 本议定书应自 3 个国家在批准、接受或核准方面无保留地签署或交存有关批准、接受、核准或加入文书之日起 90 天后生效。但是，本议定书不得在《公约》生效之前生效。

2. 对于在本议定书生效条件满足后交存有关本议定书批准书、接受书、核准书或加入书的国家，其批准书、接受书、核准书或加入书应自交存之日起 90 天后生效。

第七条

1. 任何缔约国可在本议定书对该国生效之日起满一年后随时退出本议定书。

2. 退出议定书应以向秘书长交存退出文书而生效。

3. 退出议定书应在秘书长收到退出文书后一年或退约书中规定的更长期限内生效。

4. 缔约国退出《公约》应视为退出本议定书。

第八条

1. 本组织可召开修订或修正本议定书的会议。

2. 秘书长可应三分之一缔约国或5个缔约国（以数字较高者为准）的请求，召开本议定书缔约国会议，以修订或修正本议定书。

3. 在本议定书修正案生效后交存的任何批准书、接受书、核准书或加入书应视为适用于经修正的议定书。

第九条

1. 本《公约》应交存于秘书长。

2. 秘书长应：

（1）向所有已签署或加入本议定书的国家和本组织的所有成员国通报：

（a）每次新签署或交存的批准书、接受书、核准书或加入书及其日期；

（b）本议定书的生效日期；

（c）交存的任何退出本议定书的文书，以及收到该文书的日期和退出生效的日期；

（d）收到的根据本议定书作出的任何声明或通知。

（2）向已签署或加入本议定书的所有国家转交经核证的本议定书的真实副本。

3. 本《公约》一经生效，保管人应按照《联合国宪章》第一百〇二条将其核证无误的副本送交联合国秘书长进行登记和公布。

第二十二条

本议定书由阿拉伯文、中文、英文、法文、俄文和西班牙文各制成一份原件，各文本具有同等效力。

下列签署人经各自政府为此目的正式授权在本议定书上签字。

1988年3月10日订于罗马。

双边条约

摩纳哥公国政府和法兰西共和国政府海洋划界协定
（1984 年 2 月 16 日）

主 权 法 令

1985 年 9 月 30 日第 8.403 号主权法令使摩纳哥公国政府与法兰西共和国政府于 1984 年 2 月 16 日在巴黎签署的海洋划界协定（见附件）在摩纳哥得以执行。

摩纳哥公国政府与法兰西共和国政府海洋划界协定

摩纳哥公国政府和法兰西共和国政府，
考虑到摩纳哥公国与法国的特殊友好关系，
考虑到 1967 年 4 月 20 日关于摩纳哥公国领海界限的《法国－摩洛哥宣言》，
注意到在法国和摩纳哥领海界限延长至 12 海里之后有必要对上述水域重新进行划界，

达成如下共识:

第一条

两国领海界限由如下构成:

(1) 在西部,由连接点 B0 和 B2 的恒向线组成,其坐标如下:

	东 经	北 纬
B0	7°25′10.5″	43°31′32.9″
B2	7°29′48″	43°31′46″

(2) 在东部,由按照以下方式画出的两条线组成:

第一条线为连接点 A0 和 A1 的恒向线,其坐标如下:

	东 经	北 纬
A0	7°26′22.14″	43°45′01.49″
A1	7°27′12.6″	43°44′35.5″

第二条线为连接点 A1 至点 A2 的恒向线,A2 的坐标如下:

	东 经	北 纬
A2	7°31′42″	43°33′09″

(3) 摩纳哥的领水应延伸至与法国领水相同的外部界限。摩纳哥领水的外部界限应为连接 A2 点和 B2 点的恒向线。

第二条

摩纳哥公国根据国际法行使或应行使主权权利的摩纳哥领海以外的海域的界限由以下构成:

（1）在西部，由连接点 B2 至点 B3 的恒向线组成，点 B3 坐标如下：

	东　经	北　纬
B3	7°43′26″	42°56′47″

（2）在东部，由连接点 A2 到点 A3 的恒向线轴线组成，点 A3 的坐标如下：

	东　经	北　纬
A3	7°45′25″	42°57′59″

（3）在南部，由连接点 A3 和点 B3 的恒向线组成。

点 A3 和点 B3 到法国（科西嘉）与摩纳哥海岸的距离相等。

第三条

1. 定义上述界限的各点坐标应根据补充的欧洲大地测量系统（欧洲 50）计算。

2. 上述界限见本协议附件地图（原图省略——译者注）。

第四条

为确保本协定不干扰两国职业渔民的既定捕捞方式，双方特此同意，通过睦邻安排，允许法国和摩纳哥沿海渔船继续在摩纳哥领水和邻近的法国领水的传统捕捞区开展活动。

但是，这些规定不构成各方在其领海内建立一个或多个海洋动植物保护区的障碍。双方国民在上述区域内享有同等权利，并承担同等义务。

第五条

双方应将本协定生效所需的宪法程序的完成情况通知对方。本协议将于之后的通知之日起生效。

1967 年 4 月 20 日的《法国－摩洛哥宣言》将于当日废止。

为此目的正式授权的下列签署人签署了本协议，以昭信守。

1984 年 2 月 16 日签订于巴黎，一式两份。

芬兰和瑞典签署的确认两国部分国界的换文
（1985年6月14日）

—

瑞典驻赫尔辛基大使致芬兰外交部长

赫尔辛基，1985年6月14日

先生：

我很荣幸地通知您，瑞典议会已经批准1981年对瑞典和芬兰国家边界的调查，因为瑞典和芬兰边境主管委员会编写的边界文件中报告了这项调查，但排除了上托尔内奥市境内靠近Vähänärä的急流地区。

被排除的国界部分，北界为当前国家边界与北纬65°56′00″的交点，南界为当前国家边界与北纬65°55′28″的交点。该纬度数据出自芬兰系统。根据瑞典系统，相应的纬度应是北纬65°56′05.8″和北纬65°55′33.8″。

瑞典政府提议，除上述Vähänärä急流附近的边界部分外，国家边界的路线应按照边界专员在1981年边界调查中共同提出的建议确立，并应于1985年8月1日生效。

关于Vähänärä急流附近的边界部分，瑞典政府建议进行一次新的边境调查，并确定谷底线的位置。

谷底线的确定应遵循与1981年边界调查相同的关于边界线的原则。调查应在1985年由一个瑞典边境委员会和一个芬兰边境委员会尽快联合进行。各方应制定边防委员会制度。

我谨提议，这封信和您的答复共同构成瑞典政府和芬兰政府之间在这一问题上的协议。

主席先生，请接受我最崇高的敬意。

C.K.Thyberg

二
芬兰外交部长致瑞典驻赫尔辛基大使

赫尔辛基，1985 年 6 月 14 日

先生：

非常荣幸在今天收到您的来信，读取如下：

（见注一。）

作为答复，我非常荣幸地通知您，芬兰政府同意您在信中提出的建议，并确认您的信和这一答复将构成芬兰政府和瑞典政府之间就此事项达成的协议的一部分。

先生，请接受我最崇高的敬意。

Paavo Väyrynen

大不列颠及北爱尔兰联合王国政府和苏维埃社会主义共和国联盟政府关于防止领海以外海上事故的协定[*]
（1986 年 7 月 15 日）

大不列颠及北爱尔兰联合王国政府和苏维埃社会主义共和国联盟政府，

希望确保各自武装部队船舶的航行安全和军用飞机在领海以外的飞行安全，

承认本协定所禁止的行动的开展不应针对双方的非军事船舶，

遵循国际法原则和规则，

达成如下协议：

---

[*] 该协定于 1986 年 7 月 15 日生效。

第一条

为本协议的目的，应适用以下定义：

1. "船舶"是指：

（1）属于当事方武装部队的军舰，其外部标有区分其国籍的军舰标识，由政府正式任命的军官指挥，其名字出现在适当的服役名单或同等名单上，由受正规武装部队纪律约束的船员驾驶；

（2）属于双方武装部队的辅助船舶，包括任何一方已设立辅助船旗并获准悬挂辅助船旗的所有船舶。

2. "航空器"是指除宇宙飞船以外的所有军用载人重空、轻空飞行器。

3. "编队"是指由两艘或多艘船舶组成的有序排列，这些船舶一起航行，并且通常一起操纵。

本协定适用于在领海以外作业的船舶和飞机。

第二条

双方应采取措施，责成各自船舶的指挥人员严格遵守《1972 国际海上避碰规则》*（以下称《1972 年碰撞规则》）的文字和精神。各方认识到，它们在领海以外开展行动的自由是基于公认的国际法所确立并在 1958 年《日内瓦公海公约》**中编纂的原则。

第三条

1. 在任何情况下，双方船舶在彼此附近作业时，除按照《1972 年碰撞规则》要求保持航向和速度外，还应保持良好的畅通，以避免发生碰撞的危险。

2. 在对方编队附近相遇或作业的船舶，在遵守《1972 年碰撞规则》的同时，还应避免以妨碍编队演变的方式进行操作。

3. 编队不得在实施国际公认的分道通航制的交通繁忙地区进行演习。

4. 对另一方船舶进行监视的船舶，应当保持一定的距离，避免碰撞危险，并应避免对被监视的船舶进行让对方感到为难或者危险的操作。除按照《1972 年碰撞规则》的要求保持航向和航速外，监察人员应及早采取积极行

---

* 联合王国，《条约汇编》，第 77 号（1977 年），Cmnd. 6962，经联合王国《条约汇编》68 号（1984）Cmnd. 6962 修正。
** 联合王国，《条约汇编》，第 5 号（1963 年），Cmnd. 1929。

动,以便在行使良好的航海技术时不致使被监管的船舶为难或受到危害。

5. 当双方船舶在视线范围内进行操作时,应遵守《1972 年碰撞规则》、国际信号规则和本协议附件特殊信号表中的信号(旗帜、声音和灯光),以进行信号操作和表达意图。在夜间或能见度较低的情况下,或在照明条件下,以及在信号标志不明显的距离处,应使用闪光或甚高频无线电 16 频道(156.8 MHz)。

6. 双方船舶不得以瞄准枪、导弹发射器、鱼雷发射管等武器对另一方过往船舶进行模拟攻击,也不得以对另一方过往船舶构成危害或航行危险的方式向另一方过往船舶发射任何物体,也不得利用探照灯或其他强力照明设备照亮另一方过往船舶的导航桥。双方船舶也不得对另一方非军用船舶采取此类行动。

7. 在水下潜艇上进行演习时,辅助舰艇应出示国际信号规则或本协定附件所列的特殊信号表规定的适当信号,以警告船舶该地区存在潜艇。

8. 一方船舶在接近另一方依照《1972 年碰撞规则》第 3(g)条进行作业且操作能力受到限制的船舶时,特别是接近从事发射或降落飞机的船舶以及正在进行补给的船舶时,应采取适当措施,不妨碍此类船舶的操作,并保持畅通。

第四条

1. 双方的飞机指挥官在接近对方的飞机和船舶特别是从事发射或降落飞机的船舶时,应十分小心谨慎。为相互安全起见,不得允许模拟使用武器攻击对方的飞机和船舶,或在对方的船舶上进行特技飞行,或在它们附近投掷对船舶有害或对航行构成危险的物体。

各方飞机也不得对对方非军事船舶采取此类行动。

2. 在黑暗中或仪器条件下飞行的当事方飞机应尽可能显示航行灯。

第五条

双方应采取措施,将本协议中旨在确保双方安全的条款通知各方的非军事船舶。

第六条

双方应通过既定的无线电广播信息预警系统,通常至少提前 3 至 5 天,向海员通知在领海以外对航行或对飞行中的飞机构成危险的行动。

第七条

双方应及时交换有关双方船舶和飞机发生碰撞、造成损害的事件和其他海上事件的适当信息。皇家海军应通过驻伦敦的苏联海军或其他陆军军官提供此类信息,苏联海军应通过驻莫斯科的英国海军或其他陆军军官提供此类信息。

第八条

本协议自签署之日起生效。当任何一方提前6个月向另一方发出终止协议的书面通知后,本协议终止。

第九条

双方代表应在本协议签署之日起1年内召开会议,审查本协议条款的执行情况,以及提高船舶航行和飞机飞越领海的安全水平的可能途径。此后应每年举行类似的磋商,或根据双方的决定更频繁地进行磋商。

下列签署人经各自政府的正式授权,在此签署本协议。

1986年7月15日签订于伦敦,一式两份,以英语和俄语写成,两种文本具有同等效力。

附件　特殊信号表*

扬基维克多一号(YV1)

以下信号的含义由上文推导出。

信号　　　信号含义

IR1　我正在致力于海洋作业。

IR2　我正在拖着水文测量设备向后退……米。

IR3　我正在回收水文测量设备。

IR4　我正在进行打捞作业。

JH1　我正在试图挽救搁浅的船。

MH1　请不要在我的前面穿过我的航道。

---

* 缔约国共同发表关于本表的同意书。缔约国的代表共同商讨必要的修改和补充。

NB1　我有独立的水文测量设备,其方位与我所指出的方向一致……(ICS中的表 3)。

PJ1　我无法改变航道到我的右舷。

PJ2　我无法改变航道到我的左舷。

PJ3　注意,转舵困难。

PP8　前行中的危险操作。请你避开我指示的方向……(ICS 中的表 3)。

QF1　注意,我已经停止了机器。

QS6　我开始在航道上下锚。

QV2　我用两个或者更多的锚,或者前后浮标来多方固定停泊,需要你保持畅通。

QV3　我要在深水区下锚,使水文测试设备随水漂流。

RT2　我打算从你的左舷通过。

RT3　我打算从你的右舷通过。

RT4　我打算从你的左舷超过。

RT5　我打算从你的右舷超过。

RT6　我正在演习(或者编队正在演习),请你避开我指示的方向……(ICS中的表 3)。

RT7　我将在相距 100 码距离处从你右舷的方向接近你。

RT8　我将在相距 100 码距离处从你左舷方向接近你。

RT9　我将在相距 100 码距离处交叉后退。

RU2　我大概在……分钟后开始左舷转向。

RU3　我大概在……分钟后开始右舷转向。

RU4　编队正准备改变航道到左舷。

RU5　编队正准备改变航道到右舷。

RU6　我正在进行演习,进入队形很危险。

RU7　我正准备潜水。

RU8　潜水艇将在 30 分钟内,在距离我两英里的位置浮出水面。要求你保持清醒。

SL2　需要你的航向、速度以及通过意图。

TX1　我正在渔业巡逻。

UY1 我正准备在航道中发射/降落飞行器。

UY2 我正准备导弹发射演习。请你避开我指示的方向……（ICS 中的表 3）。

UY3 我正准备射击发射演习。请你避开我指示的方向……（ICS 中的表 3）。

UY4 我准备进行或者正在进行使用炸药的行动。

UY5 我正在准备按照我指示的……方向（ICS 中的表 3）投放鱼雷。

UY6 我正准备实行或者正在实行航行补给在航道……请你保持畅通。

UY7 我正在准备实行大量的小船和舰岸两栖作战行动。

UY8 我正在演习投放/回收登陆舰/艇。

UY9 我正准备实行或者正在实行船尾直升机作业。

UY10 我正在检测射击系统。

UY11 我正在检测火箭系统。

UY12 我正在准备进行/正在进行射击演习/轰炸/通过拖靶的飞行器。请你避开我指示的方向……（ICS 中的表 3）。

ZL1 我已经收到并且理解了你的信号。

ZL2 你理解了吗？请回复。

哥伦比亚和洪都拉斯海洋划界条约
（1986 年 8 月 2 日）

哥伦比亚共和国政府和洪都拉斯共和国政府，

重申决定两国的深厚友谊，并意识到有必要在两国之间确立海洋边界；

决定签署一项条约，并为此任命了各自的全权代表：哥伦比亚共和国总统阁下任命外交部部长 August Ramírez Ocampo 博士，洪都拉斯共和国总统阁下任命外交部部长、检察官 Carlos López Contreras 先生；

双方达成如下协议：

第一条

哥伦比亚共和国和洪都拉斯共和国之间的海洋边界由连接下列坐标点的大地测量线构成：

点 1	北纬 14°59′09″	东经 82°00′00″
点 2	北纬 14°59′08″	东经 79°56′00″
点 3	北纬 15°30′10″	东经 79°56′00″
点 4	北纬 15°46′00″	东经 80°03′55″
点 5	北纬 15°58′40″	东经 79°56′40″

在第 4 点至第 5 点之间，海洋边界应由一条圆形线构成，其半径应从位于北纬 15°47′50″ 和西经 79°51′20″ 的坐标点开始测量。

点 6	北纬 16°04′15″	东经 79°50′32″

从这一点开始，海洋边界将沿北纬 16°04′15″ 向东延伸，直至与第三国划定界线。

经全权代表正式签署、由 1985 年 3 月 30 日华盛顿特区国防测绘机构水文/地形中心出版的第 28000 号海图仅用于说明目的，并附在上述条约之后，但有一项谅解，即在任何情况下应以该条约的内容为准。

第二条

上述条款规定的划界不得推翻本条任何一方与第三国之间已经确立或今后可能确立的海洋边界的布局，只要该布局不影响上述文书承认的另一缔约方的管辖权。

第三条

在已建立的管线两侧发现的碳氢化合物或天然气矿床或气田，其开采方式应使从所述矿床或气田提取的资源量分布与管线两侧相应发现的资源量分布成比例。

第四条

缔约方之间对上述条约的解释和适用的任何分歧，应通过国际法规定的和平手段来解决。

1986 年 8 月 2 日

法兰西共和国政府和意大利共和国政府 1986 年 11 月 28 日在巴黎签署的关于划定博尼法乔海峡地区海洋边界的协议

法兰西共和国政府和意大利共和国政府，

希望加强两国睦邻友好的关系，

意识到有必要准确和公平地划定两国各自行使或即将行使主权或主权权利的海域，

根据适用于这一问题的国际法规则和原则，

考虑到《1908 年 1 月 18 日法国和意大利分别为法国和意大利渔民在科西嘉岛和撒丁岛之间的水域确定专属捕鱼区的协定》，

达成如下协议：

第一条

1. 博尼法乔海峡地区两国领海之间的分界线应由连接下列各点的恒向线确定。这些点的坐标为：

	东经	北纬
点 1	008°48′29.2″	41°15′31.2″
点 2	009°08′09.1″	41°19′09.0″
点 3	009°16′15.0″	41°17′34.2″
点 4	009°19′03.0″	41°20′13.8″
点 5	009°27′03.6″	41°24′27.0″
点 6	009°37′54.0″	41°26′04.8″

2. 本文所指的地理坐标采用补充的欧洲大地测量系统（欧洲 50）表示。

3. 第 1 款中定义的线在本协议所附地图上标出。

第二条

1. 为确保本协议不干扰两国职业渔民的既定捕捞方式，双方特此同意，通过睦邻安排，允许法国和意大利沿海渔船继续在位于下述区域内的传统捕捞区开展活动：

在北部，与 41°20′40″平行；

在西部，通过 9°子午线；

在东部，通过 9°6′子午线；

在南部，与 40°16'20" 平行。

2. 上述第一条所述地图显示了第 1 款所界定的区域。

第三条

1. 第 2 点和第 3 点的对准情况应在意大利领土上用根据 1908 年 1 月 18 日协议建造的两根白漆石柱标记，如下所示：

一根高 8 米的柱子，竖立在 Guardia del Turco 三角测量标志处；

一根高 10 米的柱子，竖立在 Budelli 岛南端的岩石上。

2. 第 3 点和第 4 点的对准情况应在意大利领土上用根据 1908 年 1 月 18 日协议建造的两根白漆石柱标记，如下所示：

一根高 10 米的柱子，竖立在 Contro di li Scala 信号站前 500 米的岩石上；

一根 12 米高的柱子，竖立在 Punta Marrnorata 附近的海岸上。

第四条

双方应将本协议生效所需的宪法程序的完成情况通知对方。本协议自之后的通知之日起生效。

《1908 年 1 月 18 日法国和意大利分别为法国和意大利渔民在科西嘉岛和撒丁岛之间的水域确定专属捕鱼区的协定》自该日起废止。

为此目的正式授权的下列人员签署了本协议，特此证明。

1986 年 11 月 28 日签订于巴黎，一式两份，以法文和意大利文写成，两种文本具有同等效力。

缅甸联邦社会主义共和国和印度共和国
关于在安达曼海、科科海峡和孟加拉湾划定海洋边界的协定
（1986 年 12 月 23 日）

缅甸联邦社会主义共和国和印度共和国，

希望加强两国之间现有的历史友谊，

希望通过相互协议确立两国在安达曼海、科科海峡和孟加拉湾的海洋边界，

同意如下：

第一条

缅甸和印度在安达曼海与科科海峡的海洋边界是连接第 1 至第 14 点的直线，其地理坐标如下：

点	北纬	东经
1	9°38′00″	95°35′25″
2	9°53′14″	95°28′00″
3	10°18′42″	95°16′02″
4	10°28′00″	95°15′58″
5	10°44′53″	95°22′00″
6	11°43′17″	95°26′00″
7	12°19′43″	95°30′00″
8	12°54′07″	95°41′00″
9	13°48′00″	95°02′00″
10	13°48′00″	93°50′00″
11	13°34′18″	93°40′59″
12	13°49′11″	93°08′05″
13	13°57′29″	92°54′50″
14	14°00′59″	92°50′02″

在缅甸、印度、泰国 3 国通过协议建立海上边界三连接点之后，第一点之外的海上边界将延伸至此 3 国之间的海上边界三连接点。

第二条

缅甸和印度在孟加拉湾之间的海洋边界是连接第 14 至第 16 点的直线，其地理坐标依次如下：

点	北纬	东经
14	14°00′59″	92°50′02″
15	14°17′42″	92°24′17″
16	15°42′50″	90°14′01″

孟加拉湾第 16 点以外的海洋边界的延伸将随后确定。

第三条

第一条和第二条规定的点的坐标是地理坐标，连接它们的直线见本协议附件 1979 年 12 月 1 日第 41 号印度海图（安达曼海）和 1976 年 11 月 31 日 31 号印度海图（孟加拉湾）。它们构成本协议的组成部分，并由双方主管当局签署。

第四条

第一条和第二条规定的点在海上、海床和大陆架上的实际位置，应由双方为此目的授权的水文测量人员共同商定的方法确定。

第五条

各方对现有岛屿和任何可能在其海洋边界一侧出现的岛屿拥有主权。

第六条

根据 1982 年《联合国海洋法公约》的有关规定，每一方在属于其海洋边界一侧的各自海域内拥有主权、主权权利和管辖权。

第七条

如果对本协议的解释或执行发生争议，双方应通过协商或谈判和平解决。

第八条

本协议应根据各方宪法要求予以批准。它将于交换批准书之日生效，该交换将尽快在新德里进行。

下列人员经各自政府正式授权在本协议上签字。

1986 年 12 月 23 日签订于仰光，一式两份，每一份用缅甸语、印地语和英语 3 种文字写成。如果文本之间有任何冲突，以英文文本为准。

瑞典王国政府和苏维埃社会主义共和国联盟政府关于划定波罗的海大陆架、瑞典渔业区和苏联经济区界限的协定
（1988 年 4 月 18 日）

瑞典王国政府和苏维埃社会主义共和国联盟政府根据 1988 年 1 月 13 日《瑞典王国和苏维埃社会主义共和国联盟关于波罗的海海域划界原则》的协

定，同意如下：

第一条

瑞典和苏联分别对其自然资源的勘探和开发行使主权的大陆架区域之间以及瑞典渔业区和苏联经济区之间的界线划分，应沿着将各点与第二条所指地理坐标连接起来的直线（恒向线）。

分界线的计算一方面符合1988年发布的瑞典第7号和第8号航海图采用的瑞典现行坐标系统（RT 38），另一方面符合1987年发布的苏联1150号航海图采用的苏联坐标系统。上述海图应附于本协议之后，并构成本协议不可分割的一部分。

第二条

第一条所提到的坐标如下：

瑞典系统坐标：

点	北纬	东经
A1	58°46836′	20°28672′
A2	58°29000′	20°26590′
A3	58°12000′	20°22502′
A4	57°54691′	20°24920′
A5	57°44000′	20°14139′
A6	57°33800′	20°03965′
A7	57°26717′	20°02160′
A8	57°14192′	19°53565′
A9	56°58000′	19°40270′
A10	56°45000′	19°31720′
A11	56°35000′	19°25070′
A12	56°27000′	19°21070′
A13	56°15000′	19°13565′
A14	56°02433′	19°05669′
A15	55°58863′	19°04876′
A16	55°57300′	19°04049′
A17	55°53482′	18°56777′

苏联坐标系统：

点	北纬	东经
A1	58°46836′	20°28582′
A2	58°29000′	20°26500′
A3	58°12000′	20°22412′
A4	57°54691′	20°24830′
A5	57°44000′	20°14049′
A6	57°33800′	20°03875′
A7	57°26717′	20°02070′
A8	57°14192′	19°53475′
A9	56°58000′	19°40200′
A10	56°45000′	19°31650′
A11	56°35000′	19°25000′
A12	56°27000′	19°21000′
A13	56°15000′	19°13500′
A14	56°02433′	19°05604′
A15	55°58863′	19°04811′
A16	55°57300′	19°03984′
A17	55°53482′	18°56717′

两种坐标系统应同样有效。从北部的 A1 点和南部的 A17 点起，边界线应一直延伸到与有关第三国商定的点。

第三条

本协定是根据 1988 年 1 月 13 日《瑞典王国和苏维埃社会主义共和国联盟关于波罗的海海域划界原则》的协定缔结的，须经各方立法批准。

本协定自交换通知批准之日起生效。

1988 年 4 月 18 日签订于莫斯科，一式两份，以瑞典文和俄文写成，两种文本具有同等效力。

所罗门群岛政府和澳大利亚政府
关于确定某些海洋和海床边界的协定 *

（1988年9月13日）

所罗门群岛政府和澳大利亚政府，

希望加强两国的友好关系，

认识到需要对两国各自行使主权的海域进行准确和公平地划界，

以有关国际法的规则和原则为基础，并考虑到《联合国海洋法公约》，

同意如下：

第一条

1. 以珊瑚海澳大利亚珊瑚礁向海一侧为一方，以所罗门群岛珊瑚礁为另一方，澳大利亚渔业区和所罗门群岛专属经济区之间以及每个国家根据国际法分别对其行使主权的大陆架区域之间的分界线位于连接下列各点的测地线上。这些点由它们的坐标定义，其顺序如下：

点	纬度	经度
U	14°04′00″	157°00′00″
V	14°41′00″	157°43′00″
R1	15°44′07″	158°45′39″

2. 本条所指的地理坐标以1966年澳大利亚大地测量基准（AGD 66）表示点U，以1972年世界大地测量系统（WGS 72）表示点V和点R1。如果为本协议的目的有必要确定点、线或区域在地球表面上的位置，则该位置可以通过参考AGD 66或WGS 72来确定。对于AGD 66，该参考应为一个椭球体，以地球中心为中心，其主半径（赤道）为6 378 160米，扁平度为100／52 965；对于WQS 72，该参考同样应为一个椭球体，以地球中心为中心，其主半径（赤道）为6 378 135米，扁平度为100／52 966。

3. 本条第1款描述的线条显示在地图上，作为附件1和附件2附于本协定之后。

---

* 由澳大利亚常驻联合国代表团在1988年10月2日的普通照会中提交。

第二条

如果液态碳氢化合物或天然气的任何积聚或海床下的任何其他矿藏的沉积延伸至本协定第一条规定的界线,而位于该界线一侧的这种积聚物或沉积物的全部或部分从该界线另一侧开采,则两国政府应力求就如何最有效地开采这种积聚物或沉积物以及公平分享这种开采所产生的利益达成协议。

第三条

两国政府因解释或执行本协议而产生的任何争议,应通过协商或谈判和平解决。

第四条

双方应通知对方为使本协议生效所必需的宪法程序的完成情况。本协议应在收到最后一份通知之日起生效。

下列签署人经各自政府正式授权签署本协议,作为见证。

1988年9月13日在霍尼亚拉以英文写成,一式两份。

法兰西共和国政府和大不列颠及北爱尔兰联合王国政府关于多佛海峡海域划界的协定
(1988年11月2日)

法兰西共和国政府和大不列颠及北爱尔兰联合王国政府,

认为1982年6月24日两国政府在伦敦签署的协定确定了格林尼治子午线以西、30分以东地区分别属于法国和联合王国的大陆架部分的边界,

希望在多佛海峡划定法兰西共和国领海和联合王国领海之间的部分边界,

同意如下:

第一条

1. 法兰西共和国领海与联合王国领海之间的边界应由一条依次连接下列坐标定义的各点的恒向线组成:

位置	纬度	经度
I	北纬 50°49′30″95	东经 1°15′53″43
II	北纬 50°53′47″00	东经 1°16′58″00
III	北纬 50°57′00″00	东经 1°21′25″00
IV	北纬 51°02′19″00	东经 1°32′53″00
V	北纬 51°05′58″00	东经 1°43′31″00
VI	北纬 51°12′00″72	东经 1°53′20″07

2. 第 1 款中点 I 至 VI 的位置是在欧洲基准上确定的（1950 年第一次调整）。

3. 第 1 款界定的边界线在本协议所附图表上仅以图解的方式绘制。

第二条

上文界定的点 I 和点 VI 将是划定格林尼治子午线以西、30 分以东地区分别属于法国和联合王国大陆架部分边界的新的最终点。

这些边界由连接根据 1982 年 6 月 24 日协议和本协议界定的下列各点的恒向线组成：

（1）第 1、2、3、4、5、6、7 和 I 点；

（2）第 VI、12、13 和 14 点。

第三条

双方应通知对方为使本协议生效所必需的宪法程序的完成情况。本协议应在收到最后一份通知之日起生效。

下列人员经各自政府正式授权后签署本协议，作为见证。

1988 年 11 月 2 日签订于巴黎，一式两份，以法文和英文写成，两种文本具有同等效力。

Current Developments in State Practice No. Ⅱ — ISBN 92-1-133320-2
United Nations Publicaton
Sales No. E.89.V.7
02300
Copyright © United Nations 1989

世界海洋法译丛·海上边界国家实践发展现状Ⅱ
联合国出版物
销售号：E.89.V.7
02300
版权 © 联合国 1989

山东省版权局著作权合同登记号：图字15-2018-69

图书在版编目（CIP）数据

海上边界国家实践发展现状.Ⅱ/张海文，张桂红，黄影主编；张凯月，林益涵译.
— 青岛：青岛出版社，2018.9
（世界海洋法译丛）
ISBN 978-7-5552-7009-6

Ⅰ.①海… Ⅱ.①张… ②张… ③黄… ④张… ⑤林… Ⅲ.①海洋法－案例－汇编－中国
Ⅳ.① D993.5

中国版本图书馆 CIP 数据核字（2018）第 110183 号

书　　名	世界海洋法译丛·海上边界国家实践发展现状Ⅱ
主　　编	张海文　张桂红　黄　影
出 版 人	孟鸣飞
出版发行	青岛出版社（青岛市海尔路182号，266061）
本社网址	http://www.qdpub.com
责任编辑	朱凤霞
封面设计	张　晓
照　　排	青岛双星华信印刷有限公司
印　　刷	青岛国彩印刷有限公司
出版日期	2018年9月第1版　2018年9月第1次印刷
开　　本	16开（710mm×1000mm）
印　　张	13.75
字　　数	200千
书　　号	ISBN 978-7-5552-7009-6
定　　价	180.00元

编校印装质量、盗版监督服务电话　　4006532017　　0532-68068638